Lao-tzu zur Einführung

Florian C. Reiter

# Lao-tzu zur Einführung

JUNIUS

Junius Verlag GmbH
Stresemannstraße 375
22761 Hamburg


Umschlaggestaltung: Johannes Hartmann
Titelfoto: Archiv für Kunst und Geschichte, Berlin
Herstellung: Das Herstellungsbüro, Hamburg
Satz: H & G Herstellung, Hamburg
Druck: SOAK GmbH, Hannover
Printed in Germany 1994
ISBN 3-88506-896-6
1. Auflage Oktober 1994

Die Deutsche Bibliothek - CIP-Einheitsaufnahme

**Reiter, Florian C.:**
Lao-tzu zur Einführung / Florian C. Reiter.
- 1. Aufl. Hamburg : Junius, 1994
(Zur Einführung ; 96)
ISBN 3-88506-896-6
NE: GT

# Inhalt

Dritter Teil
Aspekte der praktischen Anwendung des Tao-te ching (Lao-tzu)



Anhang

# Einleitung: Über den Namen Lao-tzu und seinen Bezug zum Buch Tao-te ching

Der Name Lao-tzu bezeichnet, wörtlich genommen, eine Person mit dem Ehrennamen »Alter Meister« oder »Altes Kind«. Das erste umfassende Geschichtswerk Chinas, die *Aufzeichnungen des Großhistorikers* (*Shih-chi*) von Ssu-ma Ch'ien (ca. 145-86 v. Chr.), widmet Kapitel 63 in der Sektion »Biographien« den Namen Lao-tzu, Chuang-tzu, Shen Pu-hai und Han Fei-tzu.[1] Die *Aufzeichnungen* sind Vorbild für die späteren offiziellen Dynastiegeschichten und werden als hervorragendes Werk der chinesischen Geschichtsschreibung geschätzt. Die genannten vier Namen stehen hier für politische Denker während der Zeit des Umbruchs im China der Epochen »Frühling und Herbst« (779-476 v. Chr.) und »Streitende Reiche« (475-221 v. Chr.). Für Lao-tzu als Person und Individuum wird Historizität impliziert, wenn auch schon Ssu-ma Ch'ien große Unsicherheiten bezügliche der wahren Identität, die sich hinter dem Ehrennamen Lao-tzu verbirgt, feststellt.

Ssu-ma Ch'ien zufolge hieß »Der Alte Meister« Li Erh, mit einem weiteren Namen Po-yang, mit Tabu-Namen (Li) Tan genannt. Wir erfahren, daß Lao-tzu, der aus dem südlichen Staate Ch'u stammen soll, von den Herrschern der Chou gebeten wurde, ihrem Hof als Archivar zu dienen. Er war Literat und gebildet. Als Konfuzius (6. Jh. v. Chr.) nach Chou kam, suchte er Lao-tzu auf, um Belehrungen zum Thema »Normen und Verhaltensweisen« zu erbitten. Ssu-ma Ch'ien geht ausführlich auf diese Begegnung ein, deren weitere Tradierung zu polemischen

Erörterungen führte. War Lao-tzu denn nicht Konfuzius und den Konfuzianern überlegen, wenn er Lehrmeister für Konfuzius sein konnte?

Lao-tzus Wirken und seine Tätigkeit am Hof der Chou waren laut Großhistoriker vom Thema »Tao und Te« geprägt, d. h. vom »Weg und seiner Wirkkraft«, was als Übertragung von »Tao und Te« gelten soll. Hiermit verbindet sich vor allem eine innere, menschliche Zurückhaltung, Qualität und »Güte«, die den Chou-Herrschern nach Lao-tzus Einschätzung immer mehr abhanden kam. Die Herrschaft der Chou war deshalb im Verständnis Lao-tzus dem Untergang geweiht, was zweifelsohne auf den möglichen politischen Gehalt von Aussagen verweist, die sich mit dem Namen Lao-tzu und seinem Werk verbinden. Was jedoch ist sein Werk im Sinne der chinesischen Tradition?

Es heißt, daß Lao-tzu Land und Leute verließ, da sein guter Rat nicht mehr gehört wurde. Er machte sich auf den Weg »nach Westen«. Am Grenzpaß hielt ihn ein Zöllner namens Yin Hsi auf. Gewissermaßen für eine freie Passage verlangte er die Niederschrift eines Buches. Hier also, auf der Schwelle zu Ländern außerhalb Chinas, schrieb Lao-tzu seine »gut 5000 Worte« nieder, setzte dann die Reise fort und entschwand auf Nimmerwiedersehen. Offenkundig sind diese »gut 5000 Worte« das an der Grenze Chinas hinterlegte Buch Lao-tzus, das uns unter dem Titel *Tao-te ching* bekannt ist.

An dieser Stelle führt Ssu-ma Ch'ien andere, widersprüchliche Informationen zu Personen ähnlichen Namens ein. Rasch wird deutlich, daß bereits im 1. Jahrhundert v. Chr. Lao-tzus Identität unsicher war. Dennoch, die nachfolgenden Gelehrten, welche die chinesische Tradition weiter prägten, verstanden Lao-tzu als historisches Individuum. Da wir sein Wirken und Sein im Rahmen der geschichtlichen Würdigung, die sie erfahren haben, vorstellen, brauchen wir diese Tradition selbst nicht in Frage zu stellen.

Im chinesischen Kulturraum wird sie bis heute als gültiges Faktum angenommen.

Zum Werk Lao-tzus erfahren wir von Ssu-ma Ch'ien, daß es in zwei Kapiteln die Bedeutung von »Tao« und »Te« abhandelt. Dies begründet den Titel *Tao-te ching* (»Schrift vom Weg und seiner Wirkkraft«). Es bleibt aber festzuhalten, daß diese Titelfassung offenbar nicht von Lao-tzu selbst vorgegeben wurde. Die Verbindung der »gut 5000 Worte« Lao-tzus mit dem Titel *Tao-te ching* verdanken wir der späteren Arbeit chinesischer Gelehrter und Bibliographen, die beispielsweise in den Literatursektionen der offiziellen Reichs- oder Dynastiegeschichten ihren Niederschlag fand.

In der Literatursektion der Han-Geschichte (*Han-shu* 30, 10, 1729-1732) etwa werden »37 Taoistische Experten« im Rahmen der Titel ihrer Werke genannt.[2] Hier gibt es bereits mehrere Titel von Kommentarwerken, welche die Elemente »Lao-tzu [...] ching« (»Schrift des [...] Lao-tzu«) enthalten. Neben vorgeblichen Schülern Lao-tzus und ihren Werken, Kommentatoren und anderen Philosophen wie Chuang-tzu oder Lieh-tzu, werden auch Namen aufgeführt, die mit der militärischen Theorie und Tradition verbunden sind. Sun-tzu und I Yin sein hier erwähnt, letzterer steht an erster Stelle in der Auflistung der »Taoisten« überhaupt. Diese auf den ersten Blick unverständliche Mischung verweist auf die Ambivalenz der Traditionen wie natürlich auch auf die Unsicherheit bibliographischer Kategorisierung. Es fällt auf, daß der Titel *Tao-te ching* noch nicht genannt wird.

Pan Ku (32-92), der Autor des Geschichtswerks *Han-shu* erläutert zum Abschluß der Sektion den Ursprung der als »Experten des Tao« (Tao-chia) beschriebenen Gruppe. Diese Gelehrten seien aus dem Büro der Geschichtsschreiber hervorgegangen. Sie hätten »Wesen und Werden« (Tao, »Weg/Methode«) von Erfolg und Mißerfolg, Bestand und Eliminierung, Unglück und Glück im Leben der Menschen aller Zeiten durchgehend notiert. Sie hätten es verstanden, das Essentielle zu ergreifen sowie rein und frei zu sein, sich selbst zu bewahren, sich gering und schwach zu geben zur eigenen Stütze. Dies sei auch die Kunst des Herrschers, seine Machtstellung zu bewahren.

Als adäquates Vorgehen wird das Aufgeben des Studiums der »Etikette« und der Tugenden »Menschlichkeit« und »Rechtlichkeit« proklamiert. In Reinheit und Freiheit von formalisierten Zwängen sei es möglich zu herrschen. Der Taoist, »Experte des Tao«, ist ein Interpret von Sein und Werden in Natur, Gesellschaft und Geschichte. Für ihr Zusammenwirken und für die Gestaltung ihres wechselseitigen Verhältnisses bietet der Taoist Vorschläge an. Vor dem Hintergrund der Tradition Schriftkundiger, der Priesterschreiber und Historiographen, wird Herrschaftswissen offeriert. Der »Experte des Tao« gilt als ein Fachmann und Theoretiker, aber nur als einer aus der Vielzahl von Schulen und Denkern, die den Herrschenden zur Zeit der Agonie der Chou-Herrschaft bis zu deren Ende durch die Reichseinigung des Ersten Kaisers der Ch'in (221 v. Chr.) mit Rat und Tat zu dienen suchten. Lao-tzu jedenfalls findet mit seinem Angebot an Herrschaftswissen bei den Chou-Herrschern seiner Zeit kein Gehör mehr.

Traditionellen Aussagen folgend sehen wir, daß die Verbindung zwischen dem Namen Lao-tzu und dem Buch *Tao-te ching* in ihrer Bedeutung weit über rein bibliographische Gegebenheiten hinausgeht. Dies wird gerade im Bereich der Bibliographie selbst erkennbar. Der Schriftenkanon der Taoisten *Ta Ming tao-tsang ching* (»Die Schriften der Taoistischen Sammlungen, /kompiliert/ unter der Großen Ming Dynastie«), wie er schließlich im 15. und 16. Jahrhundert zusammengestellt wurde und uns heute vorliegt, umfaßt über 1400 Einzeltitel.[3] Darunter finden sich 45 Titel, die mit dem Namen Lao-tzu bzw. mit seiner vergöttlichten Form Lao-chün (»Lord Lao«), eingeführt werden. Zumeist handelt es sich um Eröffnungen taoistischer Schriften durch die Gottheit Lao-chün, die als solche seit dem 2. Jahrhundert unserer Zeitrechnung in paralleler Identität zum »Philosophen« (oder »Meister«) Lao-tzu Rang und Namen hat.[4]

Lao-tzu hat im religiösen Taoismus eine besondere Rolle, auf die ich an anderer Stelle eingehe.[5] Es sei zunächst nur festgehalten, daß sich im religiösen Taoismus das Werk Lao-tzus bei weitem nicht mit dem *Tao-te ching* erschöpft. In der westlichen Literatur zum Thema Lao-tzu, im Sinne von *Tao-te ching*, wird dieser Umstand zumeist übersehen, manchmal auch negativ qualifizierend abgetan.

Der Name Lao-tzu (bzw. Lao-chün) verbindet sich mit zahlreichen anderen Titeln, von denen der Großhistoriker Ssu-ma Ch'ien noch nichts wußte. Diese Bücher entstanden in den Jahrhunderten nach der Östlichen Han-Zeit (25-200). Sie belegen die Fülle der literarischen und religiösen Traditionen, die in diesem Zeitraum um den Namen Lao-tzu entstanden. Offensichtlich ist dieser Name ambivalent: Er bezeichnet eine als historisch verstandene Person, einen »Philosophen«. Er meint aber auch jenes Buch, das am Grenzpaß zum fernen Westen dem Zöllner Yin Hsi ausgehändigt wurde und unter dem Namen *Tao-te ching* (»Schrift vom Tao und seiner Wirkkraft«) Berühmtheit erlangte.

Mit dem Begriff »Tao und Te« (Tao-te) verbinden sich im Kanon der Taoisten 55 Einzeltitel. Der Untertitel »Kommentar zum *Tao-te ching*« findet sich auch noch in manch anderen Werken. Bei diesen 55 Titeln handelt es sich um Kommentarliteratur, die über Jahrhunderte hinweg entstand und in einigen Fällen sogar von Kaisern der T'ang (618-907), Sung (960-1127) und Ming (1368-1644) Dynastien verfaßt wurde. Die Namen Lao-tzu und *Tao-te ching* repräsentieren also Inhalte, die in der Religions- und Philosophiegeschichte gleichermaßen zu beachten sind. Die genannten kaiserlichen Kommentare belegen, daß Lao-tzu und sein Werk in allen Schichten der chinesischen Gesellschaft größte Beachtung fanden und so entsprechenden Einfluß ausübten.

Dies zeigen uns am deutlichsten die Eintragungen chinesischer Bibliographen. Der Katalog zu den umfangreichen literarischen Sammelwerken, *Chung-kuo ts'ung-shu tsung-mu*, enthält unter den Stichworten Lao-tzu und Tao-te (ching) Dutzende von Verweisen auf entsprechende Werke, die unabhängig vom Kanon der Taoisten im Rahmen der säkularen Kultur zirkulierten. Als Autoren sind vielfach Gelehrte ausgewiesen, die nicht als »Taoisten«, wohl aber als Literaten, Gelehrte und Beamte, Rang und Namen hatten. Die Namen Lao-tzu und *Tao-te ching* sind Schlüssel zu ebenso ausufernden wie spezifischen Bereichen der chinesischen Kultur.

# Erster Teil
# Aspekte der Lao-tzu-Rezeption im deutschsprachigen Raum

# 1. Deutsche Interpretationen der Schrift Tao-te ching (Lao-tzu)

Der Text *Tao-te ching* in zwei Kapiteln mit 81 Abschnitten ist eine Sammlung von Aphorismen und großenteils gereimten Sentenzen, die in ihrer Prägnanz einen tiefen Sinngehalt nahelegen. Jeder Versuch einer Übersetzung des Textes stößt auf große Schwierigkeiten, die sich auch auf die weiterführende Interpretation auswirken.

Der Text ist in chinesischer Schriftsprache abgefaßt, die kein statisches Gebilde war, sondern im Lauf der Jahrhunderte Entwicklungen durchmachte und literarische Stile entfaltete. Die Sprachschicht des *Tao-te ching* gehört zu einer frühen, vereinfacht gesagt, prägnanten Form dieser Literatursprache. Ihre wesentlich unveränderlichen Schriftzeichen bieten dem Interpreten vielfältige Möglichkeiten der Erklärung.

Dies bezeugen bereits die chinesischen Kommentatoren, die in ihrer Ausdeutung wesentlich zwei große Linien verfolgen. Einerseits scheint es möglich zu sein, das Buch *Tao-te ching* im Hinblick auf das Individuum, auf seine persönliche Kultur und die Pflege seiner physischen und spirituellen Komponenten hin auszudeuten. Andererseits bieten sich staats- oder herrschaftstheoretische Betrachtungsweisen an. Auch wird nicht versäumt, diese Aspekte miteinander zu verbinden. Die Elemente »wen« (Zivilkultur) und »wu« (Militärkultur) werden generell als komplementär verstanden.[1]

Mit diesen Gesichtspunkten waren die deutschen Schriftsteller, Gelehrten und Dichter in den ersten Jahrzehnten dieses Jahrhunderts wohl kaum vertraut. Ich nehme an, daß der größte Teil deutscher Interpreten des *Lao-tzu* entweder keine oder keine ausreichenden Kenntnisse des Chinesischen hatte. Auch mögen sie mit sinologischen Fachgelehrten kaum entsprechende Kontakte gepflegt haben. Allerdings ist einzuräumen, daß in diesem Zeitraum auch im Kreis der Fachgelehrten die Interpretation des *Lao-tzu* recht eigenwillig gehandhabt wurde. Grundlage für die allgemeine deutsche Rezeption des *Tao-te ching* waren offenkundig Übersetzungen, denen vertraut wurde.[2]

Der literarisch und philosophisch interessierte Interpret in Deutschland war, wie auch der berufliche Chinakundler, seiner angestammten Bildung und Geisteswelt verhaftet. Andererseits schien gerade die Philosophie des Fernen Ostens dem Intellektuellen die Möglichkeit der Befreiung von diesen Banden zu bieten und einem Eskapismus nach dem Motto »ex oriente lux« Vorschub zu leisten. Gelegentlich war diese Haltung von einer Geringschätzung oder Ablehnung der eigenen christlich-europäischen Geisteshaltung begleitet.

Verfremdet durch philologisch kaum fundierte Übersetzungen und sogar »Nachdichtungen« wurde das *Tao-te ching* aus seinem Kontext gelöst und als philosophische Eröffnung verabsolutiert. Wer in der europäischen Geisteswelt nicht zufriedengestellt war, der mochte glauben, zum Beispiel im *Tao-te ching* zu finden, wonach er suchte. Es liegt auf der Hand, daß jeder Interpret, der sich auf dieser Ebene bewegt, den *Lao-tzu* aus dem China der Chou-Herrscher weit hinter sich läßt. Eine neue theoretisch vorgeformte Etappe der »Lao-tzu«-Interpretation entstand mit dem Erscheinen der marxistisch-leninistischen Weltsicht. Nun galt es, den möglichst ersten »Materialisten« in China zu finden!

Einzelne Versuche zu »Lao-tzu« sollen im folgenden zeigen, wie das *Tao-te ching* interpretiert und in vielerlei Hinsicht zu eigenen Zwecken gedeutet wurde. Es gibt zahllose »Übersetzungen« des Textes, die ich nicht aufliste. Als fundierte Referenzquellen und Übersetzungen des *Lao-tzu* in das Deutsche seien die Arbeiten von H. Wilhelm und E. Schwarz genannt. Selbstverständlich liegen zahlreiche Bearbeitungen in anderen Sprachen vor, von denen stellvertretend Wing-tsit Chan (Englisch) und L. Lanciotti (Italienisch) erwähnt seien. Ich beschränke mich hier auf allgemein zugängliche deutsche Autoren, deren Darstellungen die voranstehend angedeuteten Probleme reflektieren.[3]

Die Beschäftigung mit *Lao-tzu* (*Tao-te ching*) in Deutschland wurde durch die wachsende Zugänglichkeit der klassischen Schriften des chinesischen Altertums seit Beginn des Jahrhunderts gefördert. Zu nennen ist vor allem die Tätigkeit sinologischer Fachgelehrter wie Wilhelm und Forke, die auch heute noch als bedeutende Wissenschaftler gelten.[4] Als Ostasienwissenschaftler und Autoren von Übertragungen und Nachschöpfungen in der jüngeren Vergangenheit seien nur noch G. Debon, A. Eckardt und E. Rousselle aufgeführt. Diese Fachgelehrten haben natürlich kaum das breite intellektuelle Spektrum bestimmt. Hierfür müssen vielmehr die grundsätzlichen, richtungweisenden Entwicklungen der Aufklärung mit ihren Nachwirkungen in Deutschland sowie speziell die von Frankreich ausgehende literarische Chinoiserie betrachtet werden.[5]

In Abkehr von westlich-europäischen Konzepten und Werten wurde die Konfuzianische Staats- und Gesellschaftsmoral als »überlegen« angesehen.[6] Eine impressionistisch aufgefaßte chinesische Kunst kam in den ersten Jahrzehnten dieses Jahrhunderts den Auffassungen deutscher Dichter nahe; exemplarisch sei auf Brecht, Döblin, Klabund und Hesse hingewiesen. Es waren in erster Linie einzelne, als mystisch-taoistisch aufgefaßte Begriffe wie »Handeln durch Nicht-Handeln« (wu-wei), die eine große Rolle spielten.[7] Von besonderer Wirkung war taoistisches Gedankengut, weil es eine breite Facette philosophischer Aussagen zu ermöglichen schien, die komparatistisch in Betrachtungen zur europäischen Geisteswelt eingebracht wurden. Die unausgesprochene Grundlage für all diese Bemühungen war, wie mir scheint, eine Fehlinterpretation und Übersteigerung der taoistischen Philosophie, die zum Gegenmodell zu europäisch-christlichen Vorstellungen hochstilisiert werden konnte. Für C. Dallago etwa war Lao-tzu der »Evangelist des reinen Menschentums« (1915), und für G. Wyneken war das *Tao-te ching* die »älteste und erhabenste Lehre vom Übermenschen«[8].

# 2. Die Verfremdung einer orientalischen Tradition

1921 publizierte Alexander Ular sein Buch *Die Bahn und der rechte Weg des Lao-Tse. Der chinesischen Urschrift nachgedacht.*[1]

Zunächst stellt Ular die legendenhafte Biographie Lao-tzus vor, wobei kritische Überlegungen zum »indoeuropäischen« Kulturkreis angestellt werden, die dem Leser hier zur Kenntnis gebracht seien:

»[...] Wir Europäer, mit unseren Jahrtausende alten indoeuropäischen Verschrobenheiten, sind womöglich noch weniger fähig, den Gedanken eines Lao-Tse zu folgen, als der einfachste Chinese. Unser ganzes geistiges Leben untersteht noch jetzt allzusehr einem Einfluß, den man fast als den indoeuropäischen Fluch bezeichnen könnte: wir vermenschlichen [...] alles. Wir öffnen den Mund, und jeder Satz, den wir sprechen, ist ein unheimliches Gewebe von Wahnvorstellungen. Wir legen jedem Dinge Geschlecht bei wie dem Menschen [...]. Und wenn wir einmal unehrerbietig näher zusehen, wohin uns auf dem Gebiete der reinen Erkenntnis diese in der Poesie unvergleichliche, aber im Feststellen furchtbar gefährliche indoeuropäische Sprache verführt hat, so merken wir zu unserem Entsetzen, daß die ganze europäische Philosophie von Plato bis Schopenhauer über zwei Jahrtausende lang ganz einfach mit den Wasserstiefeln der Naivität im Sumpf des Vermenschlichungswahnes um sich selbst herumgewatet ist.

Lao-Tse war als Chinese diesem kläglichen Schicksale nicht ausgesetzt. Er konnte mit Dingen, Tatsachen und Ideen operieren, wo wir nur vermenschlichte Abbilder zur Verfügung haben. So vermochte er sein Riesenwerk in einundachtzig kurzen Sprüchen zu vollführen [...]. Die wechselseitige Beleuchtung der Ideen, die mathematische Präzision in der Umschreibung entlegener Abstrakta, die kühne Synthese der Dinge [...], eine Meisterschaft der Darstellung, die auch wohl nur in der altchinesischen Sprache und ihrer ideographischen Schrift möglich war [...].

An diesen Sprüchen ist von Europäern fast noch mehr gesündigt worden als von Chinesen. Diese verstanden sie einfach nicht [...]. Jene dagegen machten sich mit dem ganzen Dünkel philologischen und philosophischen Besserwissens über den alten toten Meister her. [...] Und dann geschah das Furchtbare: der von den Philologen ganz falsch sezierte Lao-Tse wurde von angeblichen Philosophen [...] wieder zusammengesetzt und nun als Zerrbild seiner selbst in hahnebüchenen Formen dem achselzuckenden Publikum vorgeführt.

Stanislaus Julien, der große französische Sinologe, versuchte sich als erster am Texte des Tao-Te-King, dem schwierigsten Text, den die Chinesen kennen. Seine Arbeit ist, als erste, großartig; bloß strotzt sie von Irrtümern und gefährlichen Interpretationen, die damals unvermeidlich waren. Weniger entschuldbar ist jedoch, daß ausnahmslos alle späteren Sinologen [...] den grundsätzlichen Fehler des großen Franzosen und der chinesischen Kommentatoren des Lao-Tse wiederholten.

Dieser Fehler besteht darin, daß man ganz die Zeit der Wirksamkeit des alten Meisters vergaß. Lao-Tse hat vor fünfundzwanzig Jahrhunderten gelebt, und man liest seine Schrift, als wäre sie gestern geschrieben [...].

Das Schlimmste aber für Lao-Tse war die vielfache Überarbeitung der falschen philologisch sezierten Übertragungen des Tao-Te-King durch Juristen, Philosophen, Orientalisten und Schriftsteller, die das Chinesische nicht beherrschten. Solche Bearbeitungen, Kritiken [...] gibt es fast nur in Deutschland«.[2]

A. Ular führt weiter aus, wie »Indisches« in den chinesischen Text hineingelassen würde. Falsch sei das, meint unser Autor, da Lao-tzu das Leben interpretierte, während die Inder immer nur das »Hinter-dem-Leben« interpretieren würden.

»Es ist an und für sich unmöglich, wie die Historiographen der Philosophie es möchten, Lao-Tse in das System der Geschichte der (indoeuropäischen) Philosophie einzuschalten. Denn er hat Berührungspunkte nur mit einem einzigen westländischen Denker, der als einsamer Komet gleichfalls noch aus dem Planetensystem der ruhig umeinander evolvierenden anerkannten Philosophen ausgeschaltet wird.

Lao-Tse steht jenseits von Nietzsche [...].«[3]

An den voranstehenden Zitaten wird erkennbar, wie groß die Schwierigkeiten der Übersetzung, Darstellung und Bewertung des *Tao-te ching* sind. Sie zeigen auch, in welcher Art und Weise Fernöstliches dem eigenen Kulturbereich gegenübergestellt wurde. Sinnvolles, wie der Verweis auf »das Leben« als Thema des *Lao-tzu* und offenkundig Polemisches finden sich bei Ular unentwirrbar verquickt. Es paßt zum Bild, daß er die taoistische Religion, mit deren Gründung im 2. Jahrhundert unserer Zeitrechnung die chinesische Tradition Lao-tzu, und zwar als Gottheit Lao-chün (»Lord Lao«), verbindet, äußerst abschätzig präsentiert.

Fast scheint es, daß er Lao-tzu vom Makel einer oktroyierten Göttlichkeit befreien wolle. Der Taoismus als Religion »blieb der Geisterrahmen der Beschränkten, derer, [...] die auf imaginären Schutz gegen die Produkte ihrer Kenntnis- und Erkenntnislosigkeit nicht verzichten mögen. So lebt unter dem Namen des großen alten Weisen noch heute ein Religionssystem, als lebendes Zerrbild tiefster Gedanken, zum Gelächter der gebildeten Chinesen fort«.[4]

A. Ular merkt nicht, daß er mit diesen scheinbar aufgeklärten Aussagen chinesische Vorurteile wiedergibt, die in China durchaus individuelle intensive Beziehungen zum Phänomen Religion (u. a. Taoismus) kaschieren können. Er will sich eben im rechten Licht präsentieren, und zwar als Interpret, der Lao-tzu bzw. sein Werk richtig gedeutet hat. Für seine Bearbeitung will er denn auch »den Beifall der chinesischen Gelehrten« (namentlich nicht genannt) erhalten haben, denen er »an Ort und Stelle die wesentlichen Stellen des Textes, den sie nicht verstanden, [...] ins Neuchinesische zurückübersetzt habe, und denen es dabei wie Schuppen von den Augen fiel«[5].

»Als vor Jahren meine Übertragung zuerst in französischer Sprache erschien, war der große Chinese, weil unverständlich und unverdaulich, selbst den verfeinertsten Intellektuellen noch unbekannt. Da stellte Octave Mirbeau das Auftauchen des lesbaren Lao-Tse dar als ›die Offenbarung des schönsten Buches, das im Laufe der Menschheitsgeschichte ein Mensch zu denken und zu schreiben unternommen‹ [...]. Der deutsche Geist – nach Nietzsche – steht jedoch dem Tao-Te-King zweifellos viel näher als der französische [...]. Von Lao-Tse zu Nietzsche beschreibt die Geschichte des Wissens von den letzten Dingen eine Spirale. Beide sind einander nahe. Wo aber ist der Anfang und wo das Ende? Lao-Tse müßte ein ferner Nachkomme Nietzsches sein. Oder China ist dreißig Jahrhunderte über Europa hinaus«.[6]

Nach Ular entziehen sich Lao-tzu bzw. sein *Tao-te ching* den Netzen europäischer Geistes- und Sprachkultur. Alle, auch die Chinesen, haben diesen Text bisher nicht verstanden, da sie in jüngere Sprach- und Denknormen ihrer Zeit eingebunden waren. Ob Ular dem Anspruch genügt, *Lao-tzu* aus dem Kontext seiner mutmaßlichen Zeit (6. Jh. v. Chr.) heraus zu verstehen, soll uns nicht beschäftigen. Mit Sicherheit hat die historische und philosophiegeschichtliche Thematik, die sich ihm stellte, bis heute Gültigkeit. Die Mehrzahl der Aussagen Ulars werfen ein Licht auf das intellektuelle Klima seiner Zeit, die der Schrift *Tao-te ching* eine ganz eigene Position einräumte. Wichtige Aspekte der Interpretationen des *Lao-tzu* sind mit den Stichworten »Komparatistik und Mystifizierung« zu beschreiben. A. Ular enthüllt uns Rahmenvorstellungen, die auch für spätere deutsche Interpretationen ihre Wirkung behalten sollten.

## 3. Komparatistik und Mystifizierung

Klabund (Alfred Henschke) schreibt in seiner *Literatur-Geschichte* (1930) über »Das Reich der Mitte«, das von Konfuzius mit der »ordnenden Vernunft« und Lao-tzu mit der »sinnenden Seele« im Gleichgewicht gehalten werde.[1] Lao-tzu ist für Klabund »der Mystiker, der in sich selbst Versunkene, der nur ein sittliches Beispiel geben will, jeder aktivistischen zwangsmäßigen Verwirklichung ethischer Postulate aber aus dem Weg geht«. Des weiteren spricht Klabund von der hier gegebenen, erstmals formulierten »pazifistischen Neigung des Chinesen«. Ohne Textbelege einzuführen, von der Nennung des *Tao-te ching* abgesehen, sieht Klabund die »Entstehung des taoistischen Menschen« begründet.[2] Er steht für ihn im Gegensatz zum »westlichen Menschen«:

»[...] so scheint mir der Trennungsstrich zwischen östlichem und westlichem Menschen quer durch die Seele der Menschheit zu gehen, die nur durch das himmlische Gesetz der Waage, [...] des Gegensatzes zwischen Tag und Nacht, Tod und Leben, Gott und Teufel, Mann und Weib, Gut und Böse sich in der Schwebe hält. Der Typ des östlichen und des westlichen Menschen, man kann ihn auch als den Menschen des (Sonnen-) Aufgangs und den des (Sonnen-) Untergangs bezeichnen [...]«. »Das östliche Denken, wie Laotse es denkt, ist ein mythisches, ein magisches Denken, ein Denken an sich. Das westliche Denken ist ein rationalistisches, empirisches Denken, ein Denken um sich, ein Denken zum Zweck. Der östliche Mensch beruht in sich und hat seinen Sinn nur in sich. Seine Welt ist einen Innenwelt. Der westliche Mensch ist ›außer sich‹

[...] der westliche ist der Wissenschaftler, der östliche ist der Weise, der Helle, der Heilige [...] der sein Geschmeide unter einem ärmlichen Gewande verborgen trägt«.[3]

Klabund hebt die verbreitete und in vielen Varianten bekannte Unterscheidung zwischen dem »westlichen« und dem »östlichen« Menschen hervor. Die Annahme, daß der Chinese »anders denkt«, hat in fast allen Bereichen des west-östlichen Kontakts und Austauschs wenig positiv gewirkt. Sicher ist es eine Übersteigerung, Lao-tzu als Prototyp dieses »Menschentyps« zu präsentieren. Die großen Dichter seien alle von Lao-tzu beeinflußt, meint Klabund. Lao-tzu sei eben jemand, der »in seinen Sprüchen einer der großen Dichterphilosophen ist wie Platon und Nietzsche«[4]. Der Vergleich spricht für sich! Fraglich, weil in seiner Bedeutung völlig offen, ist die Aussage zum Denken Lao-tzus, es sei mythisch, magisch, »ein Denken an sich«[5].

Diese Ausführungen Klabunds enthalten eine Vielfalt von globalen Etiketten und Aussagen, die philosophisch anmuten. Sie implizieren eine Haltung, die neben den selektierten großen Geistern des Abendlandes als Alternative Lao-tzu sehen will, was nicht direkt ausgesprochen wird. Bei Klabund ergänzen sich eben der Mensch des »Sonnen-Aufgangs« und des »Sonnen-Untergangs« zu einer idealen Einheit, was die Insuffizienz der beiden Teile für sich genommen unterstellt.[6] Die Beschreibung der angeblich so verschiedenen Denkarten in Ost und West ist, unschwer durchschaubar, schon in ihrer plakativen Einfachheit widerlegt. Klabund widmet seine *Literatur-Geschichte* auch anderen Ländern. China kommt nur ein Kapitel zu, in dem *Lao-tzu* unter philosophischen Prämissen eine überragende Stellung eingeräumt wird.

Monographisch ganz auf *Lao-tzu* konzentriert, ist André Eckardts Buch *Laotse. Unvergängliche Weisheit* (1957), als zweite Ausgabe eines 1950 erschienenen Buches ähnlichen Titels.[7] A. Eckardt verstand sich auf asiatische Sprachen und hatte Zugang zum Urtext. Der Autor geht von der Historizität Lao-tzus aus. Als Beleg gilt ihm beispielsweise, daß in der Kunst der Han-Zeit (ca. 200 v. Chr. bis 220 n. Chr.) in Reliefs öfters die Begegnung Lao-tzus mit Konfuzius dargestellt sei. Ferner bewiesen der Bericht des »Großhistorikers« Ssu-ma Ch'ien und die Aussagen späterer taoistischer Schriftsteller die Existenz einer Person Lao-tzu, die für die Zeit von etwa 604 bis 520 v. Chr. datiert wird. Heute würde auf diese Weise nicht mehr argumentiert werden.

Nicht ungeschickt wählt dieser Autor auch bei einer anderen Klippe den einfacheren Weg. Wie soll der Schlüsselbegriff »Tao« übersetzt werden? Er bleibt unübersetzt, wobei jedoch auf einige frühere Interpreten verwiesen wird. »Sein, Weg, Bahn« bei Ular entspricht »Gesetz, Sinn« bei Wilhelm, »Führerin« bei Rousselle und »Anschluß« bei Dellago. Wesentlich erweitert wird diese Bedeutungsfacette bei Kunze mit »Weg, Zone, Natur, Weltordnung, Weltgesetz, rechter Weg, führen, folgen, Tugend, Sitte, Vernunft, Lehre, Prinzip, sprechen, Bezirk, Kreis, Vorsteher, Mittel und Wege«[8]. Diese lange Reihe von Bedeutungen leitet sich wesentlich aus den lexikalischen Einträgen zum Wort »Tao« her, leicht ersichtlich an den administrativen Bedeutungen (Bezirk u.a.).

Durchaus problematisch ist jedoch A. Eckardts Fortführung: »Tao [bedeutet] bei Laotse das ewige, ursprüngliche, absolute Sein, die Existenz schlechthin, entspricht also unserem Gottesbegriff. – Und Te wird übersetzt mit: ›Weg, Tugend, Leben‹ usf. Sinngemäß ist Te die ›Segnung, das Wirken Taos‹. Unter king versteht der Chinese ein klassisches Buch«.[9]

Hier wird deutlich, daß die rasche Einführung unseres »Gottesbegriffs« ein Anliegen Eckardts ist. Wie könnte es auch anders sein, als daß ein großer Dichterphilosoph, der über letzte Urgründe zu sprechen scheint, nicht auch eine Metapher für »Gott« einsetzte! In der Tat ist dies ein gravierender Fehlschluß. Die chinesische Philosophie kannte kein »itinerarium mentis in Deum« (Bonaventura) mit all dem entsprechenden geistesgeschichtlichen Vorlauf.

Abgesehen davon, daß »unser Gottesbegriff« nicht eindeutig festzulegen ist, müssen wir nicht annehmen, eine Weltordnung könne nur unter dem Gesichtspunkt der Existenz einer waltenden Gottheit konzipiert werden. Auch ist nicht ausgemacht, daß Lao-tzu bzw. sein *Tao-te ching* eine solche Weltordnung entwerfen wollte.

Dies freilich berührt die ungeklärten Fragen nach Zweck und Adressaten des Textes. Philosophische und politische Aussagen sind festzustellen und solche, die auf die physische wie spirituelle Kultur des Individuums abzielen. Diese Bereiche sind gleichermaßen strukturiert und einander nicht entgegengesetzt. Der interpretative Rahmen wurde von den Chinesen in einer reichen Kommentarliteratur weit gesteckt – jedoch ohne uns den europäischen Gottesbegriff als verborgen angelegt nahezulegen.

A. Eckardt spricht u. a. über Kapitel 42.1 des *Tao-te ching*, das er so wiedergibt:

> »Tao erzeugt die Einheit,
> die Einheit erzeugt die Zweiheit,
> Die Zweiheit erzeugt die Dreiheit,
> die Dreiheit erzeugt sämtliche Wesen«.[10]

Eckardt »sieht von Autoren ab«, die hierin einen Hinweis auf die Dreifaltigkeit Gottes sehen und Lao-tzus Worte in Verbindung mit den Anfangsworten des Johannesevangeliums bringen. Dennoch meint Eckardt ein »Ahnen« zu vermerken, »das jeder Philosophie und Weltanschauung zugrunde liegt, und letzten Endes ist es der Glaube, der uns das Unfaßbare, Unergründliche, Geheimnisvolle näherbringt [...]«[11]. Besondere und vielschichtige Aspekte des europäischen und deutschen Umgangs mit fernöstlicher Kultur soll eine weitere Einlassung aus A. Eckardts Buch enthüllen.

Zu Spekulationen, ebenso bezeichnend wie phantastisch, hat Kapitel 14 (u. a.!) des *Tao-te ching* angeregt. Unser Autor übersetzt:

»Du suchst es und siehst es nicht,
seine Name ist Yi (Ruhe);
du horchst und hörst es nicht,
sein Name ist Hi (Feinheit);
du greifst es und faßt es nicht,
sein Name ist Wei (Verborgenheit);
diese drei (Namen = Yi-Hi-Wei)
kann man nicht erforschen,
sie durchdringen einander
und bilden eine Einheit«.[12]

A. Eckardt weist Kremsmayers Ansicht zurück, daß diese Aussagen auf das altbabylonische Tiamat, die heilige Kuh, zurückzuführen seien.

»Wohl richtiger ist es, an Jehova zu denken, denn im 7. und 6. Jahrhundert vor unserer Zeitrechnung wurden die Juden in die babylonische Gefangenschaft geführt [...]. 538 erlaubte der Perserkönig Kyros den 586 nach Babylon Deportierten die Rückkehr, und Teile derselben mögen nach Kaschmir, Baktrien und in zentralasiatische Gebiete ausgewandert sein. *Laotse hat nun sein Tao-te king tatsächlich im Westen Chinas an der damaligen Grenze, also wohl nahe der persisch-turkestanischen Grenze geschrieben, kann demnach mit Juden zusammengetroffen sein und hier seine monotheistische Weltanschauung vertieft haben*«.[13]

Es drängt sich mir der Verdacht auf, daß diese spekulative Vorstellung die gesamte Präsentation des *Tao-te ching* durch A. Eckardt bestimmte.

Verführerisch ist natürlich der Vergleich mit christlichen Mystikern, von denen Eckardt Nikolaus von Kues einführt. Die Vergleiche sollen »Tao« und schließlich »Gott« als austauschbar erweisen. Bei dieser Größe von Tao ist es verständlich, daß sich im Verständnis Eckardts auch im Bereich der Naturwissenschaften die Aussagen des *Tao-te ching* bestätigen (»[...] daß das Schwache das Starke besiegt, das Harte dem Weichen unterliegt«, Kap. 36)[14]. Insgesamt scheint sich das *Tao-te ching* auch im Lichte der europäisch-christlichen Erkenntnis und Mystik zu bewahrheiten – ein klares Anliegen dieses Autors. Reizvoll, allgemein gesprochen, war die Idee der wechselseitigen »Kulturstimulanz« (Babylon/Judentum/China), die im alten Wunsch, auch in China die Offenbarung des Monotheismus zu entdecken, begründet ist, womit freilich der jüdisch-christliche Kulturkreis für sich eine Vorrangstellung behaupten wollte.

Es ist interessant zu sehen, daß es diesen Mechanismus im chinesischen Kulturkreis selbst auch gab. Seit dem 2./3. Jahrhundert unserer Zeit kursierte in China die polemisch-propagandistische Mär, daß Lao-tzu in den Westen gegangen sei, um dort selbst (oder durch seinen Schüler Yin Hsi) in Gestalt des Buddha den Buddhismus zu schaffen – ein Heilssystem für Fremdvölker. War dies zunächst eine positive Aussage – der Buddhismus erscheint in genuiner Verbindung mit einem chinesischen Weisen des Altertums (Lao-tzu) –, so kehrte sich die Geschichte bald ins Negative: Der Buddhismus wurde als inferiorer Ableger des Taoismus dargestellt. Dieser Streit führte im 13. Jahrhundert zu staatlichen Aktionen gegen die Taoisten – ohne daß die entsprechenden polemischen Schriften hätten ganz vernichtet werden können.[15]

Die von A. Eckardt angeführte hypothetische Beziehung zum jüdisch-christlichen Monotheismus ist eine Theorie, die heute schwerlich zu vertreten ist. China hat zwar in der Tat aus Zentralasien und später auch aus Arabien via Süd-China wichtige Kultureinflüsse empfangen. Es sei an den Buddhismus und an den Islam erinnert, die auf diesen Wegen nach China gelangten. Doch für Lao-tzu und das *Tao-te ching* sind diese Wirkungen einer internationalen »Kulturstimulanz« nicht zu belegen.

Explizit unter die Kategorie »Mystik« stellte Heinz Schlötermann seine Publikation *Mystik in den Religionen der Völker*, erschienen in der Serie »Glauben und Wissen«.[16] Schon diese äußere formale Anlage ist aufschlußreich. »Mystik«, »Religion«, »Glauben und Wissen« ergeben ein neues Netz, in das *Lao-tzu (Tao-te ching)* eingebunden wird.

»Lao-tzu« wird als Gegenposition zu Konfuzius beschrieben, der mit einer ritualisierten Äußerlichkeit der Welt verbunden scheint. Soll man sich an die Worte, an Begriffe »menschlichen Denkens« halten, die von »Edlen« rühren, die »in den Urgrund des Seins selbst« zurückgekehrt sind? Lao-tzu verneint. »Seine Wünsche sind erloschen; er hat alle Pläne aufgegeben und fühlt sich einer Wasserpflanze gleich im ewigen Strom des Werdens treiben, hingegeben den Kräften des Lebens selbst« – so Schlötermanns Auffassung.[17] »Lao-tzu will den Willen überwinden und zur Pflanze werden bzw. im pflanzlich-unbewußten Sein beharren, ohne jedoch nun in dieser Beharrung sich aus dem lebendigen Fluß des Werdens zurückzuziehen [...]. Der Mensch soll als empirisches Wesen ausgeschaltet werden, um das Tao rein in sich zu erleben«.[18]

Schlötermann zufolge hat Konfuzius die alten Bücher redigiert, um den Sinn der heiligen Worte wiederherzustellen, während Lao-tzu »noch hinter diese Bücher zurückgehen«[19] wollte. Das Tao als Weg und Sinn und Logos liegt »vor Himmel und

Erde«, weder räumlich noch zeitlich verstanden. Für H. Schlötermann »handelt es sich in der Tat um das Nichts, was nicht zu fassen ist«[20]. Er versucht, seine Aussagen mit Darlegungen des Philosophen Chuang-tzu zu belegen, um sich dann zu einer Darstellung des ersten Paragraphen im *Tao-te ching* vorzuwagen.

> »Das Tao, das sich aussprechen läßt, ist nicht das ewige Tao.
> Der Name, der sich nennen läßt, ist nicht der ewige Name.
> ›Sein‹ nenne ich den Anfang von Himmel und Erde.
> ›Nichtsein‹ nenne ich die Mutter der Einzelwesen.
> Darum führt die Richtung auf das Sein
> Zum Schauen des wunderbaren Wesens,
> Die Richtung auf das Nichtsein
> Zum Schauen der räumlichen Begrenztheit«.[21]

Mit »Sein/Nichtsein« führt Schlötermann philosophische Begriffe ein. »Das Nichts ist Entstehungs-Grund, jenes geheimnisvolle Urwesen, das in den verschiedensten Religionen der göttliche Urgrund genannt wurde«.[22] Es geht offenbar darum, bei Lao-tzu aufzufinden, was als verbindliches Allgemeingut gelten soll, nämlich eine freie Welterklärung, die bestimmte Denker, wie Chuang-tzu, Meister Eckhart, Kant u. a., verbindet.

Natürlich ist es schwer, einen gemeinsamen Hut zu finden, und so resümiert Schlötermann: »Lao-tzu hat nicht naturwissenschaftlich und auch nicht erkenntnistheoretisch gedacht; sein Denken war metaphysisch ausgerichtet«.[23] Dies öffnet Tür und Tor zu freien exegetischen Fortsetzungen.

Äußerst fraglich ist eben die Einführung von »Sein/Nichtsein« in der zitierten »Übersetzung«. Im Original wird nur von »nennbar« und »nichtnennbar« gesprochen, ein riesiger Unterschied zum Begriffspaar »Sein« und »Nichtsein«.[24] Diese philologische Unschärfe zeigt, daß die gesamte Interpretation nur mit größtem Vorbehalt zu betrachten ist. Die Problematik liegt in den philologischen, bibliographischen und historischen Fragestellungen, die äußerst spekulativ behandelt werden, sofern sie überhaupt erkannt wurden. Gleichwohl, die gezeigte Mystifizierung, die zwischen Geschichte, Legende und Tradition nicht unterscheidet, bestätigt offenbar unseren Autoren jedwede Welteinsicht als »richtig« – verbürgt durch ihr *Tao-te ching*!

Die Grundannahme, daß in China und natürlich auch zu Zeiten Lao-tzus eine »Mystik« (bzw. Mystizismus) existierte, hat sich bis heute gehalten. Es ist sicher eindrucksvoll, in der europäischen Welt mit diesem Begriff zu arbeiten. Er ist publikumswirksam, weckt aber leicht ebenso anheimelnde wie falsche Vorstellungen. Ein interessantes Beispiel, wie die Verbindung von »China« und »Mystik« zu aktivieren ist, bietet L. Köhn in ihrem englischen Buch *Early Chinese Mysticism, Philosophy and Soteriology in the Taoist Tradition*[25].

Die Autorin sieht im *Tao-te ching* die fundamentale Ausdrucksform des frühen chinesischen Mystizismus, wobei Kosmologie und die Rolle des Herrschers von zentralem Interesse seien. Dennoch fehle dem Text jede Beschreibung irgendeiner mystischen Methode. Das Buch *Lao-tzu* sei demnach kein offensichtlich mystisches Werk, da es sich gleichermaßen als Schrift über die »ideale Regierung oder den moralischen und kulturellen Verfall der Menschheit« äußere.[26]

Der Anspruch, ein mystisches Werk zu sein, wird mit der langen Geschichte der späteren Exegese verbunden. Zusammen mit Chuang-tzu habe das *Tao-te ching* wesentlich den chinesischen Mystizismus geformt. Zur Beziehung zwischen der angenommenen Person eines »Alten Meisters« (Lao-tzu) und seinem Buch (*Tao-te ching*/*Lao-tzu*) verweist die Autorin auf die heute akzeptierten Einschätzungen. Demnach wurde das *Tao-te ching* ungefähr um 250 v. Chr. kompiliert – während die angenommene Lebenszeit des Meisters im 6. Jahrhundert liegen dürfte.[27]

Das Buch *Early Chinese Mysticism* spricht zunächst über Lao-tzu als historischen Namen, reflektiert die Geschichtsschreibung (Shih-chi, von Ssu-ma Ch'ien, 145-86 v. Chr.). Ein weit wichtigerer Abschnitt lautet »Lao-tzu, the Cosmic Deity«. Hier wird ausgeführt, daß Lao-tzu seit dem 2. Jahrhundert unserer Zeitrechnung als kosmische Gottheit verehrt wird.

Es ist zu berücksichtigen, daß zu jener Zeit ein breites kultisches Spektrum um Gottheiten wie die »Mutter des Westens« (Hsi wang-mu) entstanden war, in das sich Lao-tzu (Lao-chün, »Lord Lao«) einfügte. Lao-tzu gilt hier als Schöpfer und Retter der Menschen und ihrer Umwelt, mit der er kongenial verbunden ist. Er tritt daher immer wieder in Erscheinung, beispielsweise als »Archivar der Chou«, als der er dann China verließ, um noch zuvor das *Tao-te ching* beim Paßwächter Yin Hsi zu hinterlegen.

Lao-tzu als »Autor des *Tao-te ching*« ist nur ein Glied in der langen Reihe seiner Inkarnationen. Populäres Zeugnis dieser Konzepte ist die noch heute vorliegende Schrift von den Wirkungen und Inkarnationen Lao-tzus in »Einundachtzig Abschnitten«, deren Anfänge in das 3. bzw. 4. Jahrhundert unserer Zeit zurückgehen. Typisch für die »Legitimation« dieser populären Tradition ist die Zahl 81. Die Schrift von den Inkarnationen und Wirkungen Lao-chün's, die als religiöses Bilderbuch mit Texten überliefert ist, hat genauso viele Abschnitte wie das *Tao-te ching*. Auch wird berichtet, daß Lao-tzus Mutter 81 Jahre schwanger war, bevor sie den »Alten Meister« – unblutig – gebar. 81 ist eine Potenz von 3 bzw. 9, einer positiven (yang) Zahl. Die Kette der Inkarnationen Lao-tzus und seiner Einwirkungen in dieser Welt reicht gemäß der genannten Schrift bis in das 12. Jahrhundert nach unserer Zeitrechnung.[28]

Es gibt also zwei Bedeutungsschichten des Namens Lao-tzu, unabhängig von der Schrift *Tao-te ching* (*Lao-tzu*). Da sind einerseits historische (philosophische) Traditionen und Annahmen über einen mutmaßlichen Autor sowie andererseits die religiösen Konzepte, die von einer potentiellen Allgegenwart der Gottheit Lao-chün sprechen. Wie die philosophisch-historischen Traditionen, so leben bis heute jene religiösen Konzepte weiter und wirken im Rahmen des religiösen Taoismus. Hier ist Raum für Feierlichkeit mystischen Charakters. Doch die voranstehend genannten Interpreten des *Tao-te ching* vernachlässigen diesen Komplex und verbleiben bewußt bei der Kombination von »Philosophie« und »Mystizismus« europäischer Denkart.

L. Köhn bestätigt, daß sie aus den zahlreichen Bedeutungsfacetten des *Tao-te ching* nur eine bestimmte herauszieht:

> »The *Tao-te ching* can be read in several different ways – as a philosophical handbook [...]; an esoteric treatise on military strategy; [...] all these dimensions are present [...]. For our purposes here [...] and for numerous intellectuals of traditional China, the *Tao-te ching* has been most of all a mystical text. [...] a work that presented a certain cosmological interpretation of the universe and provided instruction on how to live in perfect harmony with this universe to create a world envisioned as ideal«.[29]

Folgerichtig steht nun »The Tao« im Mittelpunkt der Überlegungen.[30] Tao gilt als »organisches, zugrundeliegendes und strukturierendes« Element in dieser Welt. Es entzieht sich jeder Namensgebung und wissentlichen Festlegung. Sprache unterscheidet und verfehlt damit immer in irgendeiner Weise Tao in seiner Ganzheit. Tao ist demnach »transzendent und immanent«. Obwohl es im ganzen Universum »schöpft, strukturiert und Ordnung schafft«, ist es doch nicht ein irgendwie separierbarer Teil davon. Diese schöpferischen und Ordnung schaffenden Eigenschaften sind übrigens auch in der Gottheit Lao-chün personifiziert und erschließen sich im Rahmen der Taoistischen Religion dem Menschen.

Die Frage nach der Entwicklung der Welt wird im Abschnitt »The Development of the World« abgehandelt.[31] Während Tao immer allgegenwärtig ist, entwickelt sich die Welt in Phasen, wie in Kapitel 42 des *Tao-te ching* dargestellt wird. Steht am Anfang überhaupt nur Tao, eingebettet in Chaos, so erscheint auf der nächsten Stufe »das Eine« als Wirkung und Identität von Tao, realisiert in reiner kosmischer Energie, auch Odem oder Pneuma genannt. Dieses Eine wird später mit dem »Großen Äußersten« des *Buchs der Wandlungen* (*I-ching*) verbunden. Jedenfalls folgt auf diese erste Formierung die Entstehung der ebenso konträren wie komplementären Urkräfte Yin und Yang, assoziiert zum Beispiel mit »dunkel, inaktiv, weiblich, Erde« bzw. mit »hell, aktiv, männlich, Himmel«.

Aus der Interaktion dieser Kräfte entsteht die Gesamtheit des Kosmos, der dadurch an Tao und seiner umfassenden Harmonie partizipiert. Welt und Kosmos sind folglich auch nicht als statische Gebilde angelegt.

Ähnlich verhält es sich im Bereich des menschlichen Lebens. Die Einheit der Urschöpfung, »die Reinheit der kosmischen Energie« ist die ursprüngliche Gabe an Tao, die alle Lebewesen erhalten – und zwar im pränatalen Zustand. In dem Maß, in dem der Mensch nach seiner Geburt am aktiven, profanen Leben teilnimmt, gehen diese Einheit und existentielle Undifferenziertheit verloren.[32]

Der Dualismus von Yin und Yang erweist sich als dominierendes Muster. Alles scheint Ausdruck einer Interaktion von gegensätzlichen Kräften zu sein, was im sozialen Leben zu kultureller Komplexität, zu Regeln und Gesetzen führt. Die intakte, harmonische und einfache Gesellschaft der Urzeit verschwindet, was negative Folgen für die Entwicklung der Menschen zeitigt. In diesem Rahmen entstehen also »Tugenden« und äußere Formen, etwa Normen und Rituale, wie sie im Konfuzianismus formuliert wurden. Sie wurden gewissermaßen nötig, da die Menschen vergessen hatten, sich natürlich (»spontan«) zu benehmen.[33]

Die Rückkehr zu diesem Urzustand wird wesentlich mit der Tugend des Herrschers verbunden, der allein in der Lage sein soll, »das Land als ganzes zu einer vollständigen Wiederfindung kosmischer Harmonie« zu führen.[34] Eine Bewußtseinsveränderung, ein Zurück zur Reinheit soll diesen Effekt bewirken, wie im Abschnitt »Simplicity and Non-Action« ausgeführt wird:[35]

> »Once the ruler has attained the One and has concentrated his energy, the Tao will radiate through him. He will bring peace and purity to the people. The ruler then deals with society by acting in non-action (*wu-wei*). He does not impose his individual, personal patterns on the flow of nature [...]. Non-intervention is thus the key to good government, to a harmonious and peaceful world [and] also includes an attitude of non-violence«.[36]

Folglich steht der Weise, »The Sage«, im weiteren Sinne im Mittelpunkt der Überlegungen.[37] Der »Weise« oder »Heilige« ist ein Schlüsselthema für die altchinesische Staatsphilosophie, das in keiner Weise an nur eine Denkschule gebunden war. Im Konfuzianismus wie im Legalismus ging es wesentlich um den Herrscher und seine Kultur – so auch im *Tao-te ching*.[38] In diesem Rahmen ist das Werk in der Tat in einer bestimmten historischen Phase Chinas fest verankert.

In der späteren taoistischen Literatur sehen wir eine Ausdehnung dieses Ideals auf die Allgemeinheit. Ob Mann oder Frau, arm oder reich, egal welche soziale Position – sie alle können jene Einfachheit erstreben, in der die Einheit mit Tao wiederersteht. Dieser positive Ansatz ist mit der Entwicklung von physiologischen Methoden der Selbstkultivierung verbunden.[39] Es gilt die alchemischen Traditionen und Techniken zu berücksichtigen, die auf das alte Motiv der Erstrebung »langen Lebens« verweisen. Ihre Offenbarungen werden in der religiös-taoistischen Literatur oftmals mit dem Namen Lao-chün verbunden.

All diese Dinge führen fort vom Text *Tao-te ching*. Wir erkennen, wie weit sich die eingangs genannten deutschsprachigen Autoren von den sachlich angemessenen Diskussionsebenen des *Lao-tzu* entfernen. *Lao-tzu* wird zum Beweis eigener philosophischer Befindlichkeiten. Hier sucht man Bestätigung, sei es für Monotheismus oder Materialismus. Das Grundproblem freilich liegt im Bereich der Übersetzungen und Darstellungen zum *Tao-te ching*, die jeweils zur Verfügung standen – oder bevorzugt wurden.

# 4. Vergleiche zu Textauffassungen in deutschsprachigen Interpretationen

Aus den voranstehenden Ausführungen zu A. Henschke, A. Eckardt, H. Schlötermann, A. Ular und L. Köhn wissen wir, daß das Textmaterial *Tao-te ching* eine besondere Qualität besitzt, die nur schwer erschlossen wird. Übersetzungen zeigen höchst erstaunliche Varianten, die vielfach philosophische und religiöse Dispositionen der Interpreten preisgeben und schon im Vergleich untereinander fragwürdig erscheinen. Dieses Problem aber entzieht sich in der Regel der allgemeinen Kenntnisnahme. In der Öffentlichkeit werden der Informationswert und die Geltung der Übersetzungen kaum in Frage gestellt.

1948 publizierte Vincenz Hundhausen im »Verlag der Pekinger Pappelinsel« das Büchlein *Lau-dse. Das Eine als Weltgesetz und Vorbild.* Ich stelle nun drei Abschnitte aus dem *Tao-te ching* in Hundhausens Interpretation vor, um dann dieselben Abschnitte in der Fassung anderer Interpreten heranzuziehen. Hundhausen eröffnet sein Werk unvermittelt. Kein Vorwort erläutert seine Präsentation, die als Übersetzung durch den Buchtitel identifiziert wird.

Der erste der nicht numerierten Abschnitte:

> »Kann Ewig-Eines sein, was wir erkennen?
> Ein Name ewig sein, mit dem wir nennen? -
> Des Weltalls letzter Grund ist namenlos,
> Benannt ist der Geschöpfe Mutterschoss.
> Beide sind eins, der Name unterscheidet.

Als Einheit sind sie Wunder, fern dem Worte, (*)
Ein Wunder, das ein tieferes noch umkleidet,
Der Wunder tiefstes: Aller Wunder Pforte.

Was der Befangene sieht, sind Säume nur,
Der Unbefangene sieht des Geistigen Spur.«[1]

1955 wurde vom VEB Deutscher Verlag der Wissenschaften Berlin die russische Übersetzung des *Tao-te ching* von Jang Ching-shun in deutscher Fassung (übers. von G. Kahlenbach, redigiert von E. Lieck) publiziert. Der erste Abschnitt lautet hier folgendermaßen:

»Das *Dau*, das in Worten ausgedrückt werden kann, ist nicht das ewige *Dau*.
Der Name, der genannt werden kann, ist nicht der ewige Name.
Das Namenlose ist der Anfang des Himmels und der Erde; was einen Namen hat, ist die Mutter aller Dinge.
Darum sieht, wer frei ist von Leidenschaft, des (*Dau*) wunderbares (Geheimnis); wer aber Leidenschaft hat, sieht es nur in seiner endlichen Form.
Beide haben ein und denselben Ursprung, aber verschiedene Namen. Zusammen werden sie als das Tiefste bezeichnet. (*)
Von einem Tiefsten zum anderen, das ist das Tor zu allem Wunderbaren.«[2]

1985 wurde in zweiter Auflage von Ernst Schwarz in der Serie »dtv klassik« (München) das Buch *Laudse Daudedsching* (Laotse: Tao-te-king) publiziert. Der erste Abschnitt in der Darstellung von Schwarz weicht in nur wenigen Formulierungen von Jang Ching-shuns ab:

»sagbar das Dau
doch nicht das ewige Dau
nennbar der Name

doch nicht der ewige Name
namenlos
des himmels, der beginn
namhaft erst der zahllosen dinge urmutter
darum:
immer begehrlos
und schaubar wird der dinge geheimnis
immer begehrlich
und schaubar wird der dinge umrandung
beide gemeinsam entsprungen dem einen
sind sie nur anders im namen
gemeinsam gehören sie dem tiefen (*)
dort, wo am tiefsten das tiefe
liegt aller geheimnisse pforte«.[3]

Offenbar behalten die beiden letzten Texte das Schlüsselwort »Dau« (Tao) bei, während V. Hundhausen vom »Ewig-Einen« spricht. Diese Bedeutung gibt das Wort »Tao« (Weg, Wort/sagen, Methode) nicht her – es sei denn in einer Interpretation, die zu begründen wäre. Das Verb »erkennen« beinhaltet eine philosophische Dimension, die ebenfalls nicht wörtlich gegeben ist. Weitere Übersteigerungen, die von einem europäisch-dramatisierenden Hintergrund zeugen, sind die Begriffe »Weltall« (für Himmel und Erde), »letzter Grund« (für Beginn), »Geschöpfe« (für Dinge).

Ein besonders interessantes Beispiel für die divergierenden Auslegungen bieten die folgenden drei Sentenzen aus den voranstehenden Übersetzungen (*).

»Als Einheit sind sie Wunder, fern dem Worte,« (V. Hundhausen),
»Zusammen werden sie als das Tiefste bezeichnet« (Jang Ching-shun),
»gemeinsam gehören sie dem tiefen« (E. Schwarz).

Bei Hundhausen liegt vermutlich ein Grammatik-Mißverständnis vor. Zudem übersetzt er das Wort »Hsüan« (dunkel-tief, profund, mysteriös, himmlisch) als »Wunder« – was aber im letzten Satz des chinesischen Verses, hier »Miao« (Wunder/-bar, subtil, fein), in der Tat erscheint. Die Editionen anderer Kommentatoren (so Wang Pi) enthalten teils die Schreibvariante »Yüan« (Ursprung, ursprünglich) statt »Hsüan« mit der Bedeutung des Wortes »Ming« (dunkel, verborgen, die unsichtbare Welt).

Hiervon allerdings ist es immer noch ein weiter Weg zu Hundhausens »Wunder« mit all seinen Implikationen. Die weiteren Textbildungen Hundhausens sind entsprechend phantastisch: »Ein Wunder, das ein tieferes noch umkleidet«.

Die Problematik der Übersetzung wird auch bei Jang Ching-shun und E. Schwarz an folgenden Passagen gut deutlich:

»gemeinsam gehören sie dem tiefen« (E. Schwarz) (*),
»Zusammen werden sie als das Tiefste bezeichnet« (Jang Ching-shun) (*).

Also, entweder »gehören sie dem tiefen«, oder aber sie sind als »das Tiefste« zu bezeichnen. Fraglos ist jede dieser Textinterpretationen ein von individuellen Konzepten dominiertes Unterfangen, das sich zwangsläufig vom Sinn und Zweck des ursprünglichen *Lao-tzu* entfernt, ganz abgesehen von den philologischen Problemen. Die Frage der Interpunktion des chinesischen Textes ist gewichtig, verrät sie doch wesentlich das Verständnis des Textes, das erreicht wurde. In diesem Sinne sei die Übersetzung von Wing-tsit Chan in *A Source Book in Chinese Philosophy* angeführt.

»The Tao (Way) that can be told of is not the eternal Tao;
The name that can be named ist not the eternal name.
The Nameless is the origin of Heaven and Earth;
The Named is the mother of all things.
Therefore let there always be non-being so we may see their subtlety,
And let there always be being so we may see their outcome. *
The two are the same, *
But after they are produced, they have different names.
They both may be called deep and profound (hsüan).
Deeper and more profound,
The door of all subtleties!«[4]

Die mit dem Stern gezeichneten Sätze unterscheiden sich deutlich von den Formulierungen bei Jang Ching-shun und E. Schwarz, weil Wing-tsit Chan gegen die Interpunktion von Hoshang Kung und Wang Pi entschied und einer von Wang An-shih (1021-1086) initiierten Interpretationslinie folgte. Um die Unterschiede zu betonen, sei auf die jeweils letzte Zeile der voranstehenden Übertragungen verwiesen!

Der sechste Abschnitt des *Tao-te ching* führt mit dem »Geist des Tals« (ku-shen) einen berühmten Begriff ein, dessen Behandlung durch die schon bekannten Interpreten vorgestellt wird. V. Hundhausen schreibt:

»Nicht sterben kann des Quelltals Geist,
Den ihr die Dunkle Mutter heisst,
Der Dunklen Mutter Zeugungstor:
Die Wurzel ist's des Himmels und der Erde.
Quellendem Borne gleich bringt es hervor,
Beharrend ohne Mühe und Beschwerde.«[5]

Jang Ching-shun schreibt:

»Die Leere (das *Dau*) ist unsterblich, und (ich) nenne es den tiefsten Urgrund. Den Zugang zum tiefsten Urgrund nenne ich den Ursprung des Himmels und der Erde. Es (das *Dau*) ist unendlich wie das Dasein und wirkt, ohne Kraft zu gebrauchen«.[6]

E. Schwarz schreibt:

»unsterblich ist der tiefe geist des tals
der dunkle mutterschoß sei er benannt
und dieses dunklen mutterschoßes pforte –
genannt wird sie die Mutter des alls
sich hinschlingend durch alles, allgegenwärtig
wirkt sie und wirkt doch mühelos«.[7]

Der Schlüsselbegriff heißt also Ku-shen, »Talgeist«, »Geist des Tals«, wörtlich übersetzt. V. Hundhausen spricht erweiternd vom Quelltal. Für E. Schwarz ist der Geist des Tals »tief«. Jang Ching-shun umgeht das Wort Ku-shen, in dem mit »shen« das religiöse Konzept »Gottheit/Göttlichkeit« anzuklingen scheint. Er beruft sich auf den Kommentar Wang Pis, der dem Wort »Talgeist« die Bedeutung »Zentrum des Tales, seine Leere« (gemeint ist der leere Raum zwischen den Bergen) zuschreibt. Jang Ching-shun gestaltet den Text nüchtern, indem er den Begriff Tao mit dem Talgeist (bzw. der Leere) identifiziert.

E. Schwarz argumentiert, daß »der tiefe Geist des Tals« mit dem »dunklen Mutterschoß« gleichzusetzen ist – und beide wiederum Symbole für Tao sind. Der Mutterschoß verweise auf den generativen Aspekt von Tao. Andererseits aber könne der »tiefe Geist des Tals« (Talgeist = Getreidegeist?) auf die Beziehung einer Wachstumsgöttin, eines mütterlichen Vegetationsgeistes, verweisen. Ferner führt er aus: »Als dritter Vergleich für das

Dau finden wir hier *wurzel des alls* [...]. Diese Wurzel wird zum Stengel, der sich hinschlängelnd weiterrankt – wie wir im ›Buch der Lieder‹[8] (erste Hälfte des 1. Jahrtausends v.u.Z.; im Kapitel ›Mien‹) lesen, wo das gleiche Binom (mienmien) im Zusammenhang mit den sich wie ein ›Kürbisstengel‹ weiterrankenden Generationen des Dschou-Volks erscheint«.

Wing-tsit Chan schreibt:

> »The spirit of the valley never dies
> It is called the subtle and profound female.
> The gate of the subtle and profound female
> Is the root of Heaven and Earth.
> It is continous, and seems to be always existing.
> Use it and you will never wear it out«.[9]

Auch hier bieten sich aufschlußreiche Vergleiche an. Die »dunkle Mutter« bzw. der »dunkle Mutterschoß« deutscher Autoren ist bei Wing-tsit Chan »the subtle and profound female« – was dem chinesischen Text entspricht. Das Wort für »Mutter« (mu) ist aus dem ersten Abschnitt des *Tao-te ching* bekannt. Hier, im sechsten Abschnitt, erscheint es nicht. »Mutter« bzw. »Mutterschoß« ist also eine Interpretation für »das Weibliche (Wesen)«. Die letzten beiden Zeilen in Wing-tsit Chans Text folgen dem Urtext, ohne Bedeutungen zugrunde zu legen, die E. Schwarz aus dem *Buch der Lieder* (u.a.) kollationiert und in seine Übersetzung einbringt.

In der letzten Zeile der deutschen Übersetzung haben wir:

»Beharrend ohne Mühe und Beschwerde« (V. Hundhausen),
»[...] und wirkt, ohne Kraft zu gebrauchen« (Jang Ching-shun),
»wirkt sie und wirkt doch mühelos« (E. Schwarz).

Diese Übersetzungen resultieren aus der Konzeption der voranstehenden Textteile. Nur Wing-tsit Chan folgt penibel dem Urtext und übersetzt »Yung« (gebrauchen, nehmen) in der wörtlichen Bedeutung, die so dem Leser den Text als Handlungsanweisung – wie auch immer deutbar – nahelegt. Die anderen Interpretationen verbleiben dagegen im Stil einer mystifizierenden Beschreibung. Was für ein Unterschied!

Es muß festgehalten werden, daß der sogenannte Ho-shang kung Kommentar aus der Zeit 25-200 zu diesem sechsten Abschnitt das Wort »Tal« mit dem Verbum »ernähren« (yang) umdeutet, was andere Interpretationslinien nahelegt. Sie wurden in Deutschland weithin nicht notiert.

»Wenn man fähig ist, die Gottheiten zu nähren, stirbt man nicht«.

Hierbei handelt es sich um die Gottheiten der Fünf Eingeweide des Menschen. Das weite Gebiet der meditativen und physiologischen Selbstkultivierung, der eine religiöse Qualität eigen ist, wird angesprochen. Neben den »Körpergöttern« spielen die beiden Seelen, die spirituelle und fleischliche (Hun-po), in diesen Überlegungen eine große Rolle. Doch dies nur als zusätzlichen Hinweis auf mögliche Bedeutungen des *Lao-tzu*, wie sie in China gesehen wurden.[10]

Im Sinne einer Weltschau stellt sich etwa der 25. Abschnitt des *Tao-te ching* dar. V. Hundhausen schreibt:

»Es gibt ein Wesen, das war immerdar,
Bevor der Himmel und die Erde waren.
Wie unbegreiflich in Vollkommenheit,
Wie still es ist! Wie übersinnlich klar!
In nie sich wandelnder Beharrlichkeit
Durchdringt es alles, weiss nicht von Gefahren.
Soll ich es Mutter aller Dinge nennen?

Wie kann ich nennen, was wir nicht erkennen?
Ich sage EINES, weil es namenlos ist.
Ich sage von ihm kündend: Es ist ›gross‹.
›Gross‹ sage ich und meine sein ›Entgleiten‹.
›Entgleiten‹ heisst: Es ist ›in allen Weiten‹.
›In allen Weiten‹ sagend meine ich:
›Es wendet sich und kehrt zurück in sich‹.
Weil gross das EINE, ist der Himmel gross,
Ist gross die Erde, ist der König gross.
So gibt es in der Welt vier Grosse bloss,
Und ihrer einer ist der König gross.
Er muss sich an der Erde Vorbild halten.
Der Erde Vorbild ist des Himmels Art.
Des Himmels Vorbild ist des EINEN Walten,
Das selbst sich Vorbild ist und treu es wahrt«.[11]

Jang Ching-shun schreibt:

»Es gibt etwas, das im Chaos entstanden ist und vor dem Himmel und der Erde geboren wurde. Oh, Ruhiges, oh, Leeres! Es steht allein und ändert sich nicht. Es wirkt überall und setzt sich nicht der Gefahr (der Vernichtung) aus. Man kann es als die Mutter der Welt ansehen. Ich kenne seinen Namen nicht. Wenn ich es bezeichne, nenne ich es *Dau.* Wenn ich ihm nach eigenem Ermessen einen Namen gebe, nenne ich es das Große. Das Große nenne ich fortgehend, das Fortgegangene nenne ich fern, das Ferne nenne ich das immer Wiederkehrende. Das ist es, weshalb das *Dau*, der Himmel, die Erde und auch der Herrscher groß sind. Im All gibt es vier Große, und darunter befindet sich der Herrscher.

Der Mensch folgt (den Gesetzen) der Erde, die Erde folgt (den Gesetzen) des Himmels, der Himmel folgt (den Gesetzen) des *Dau*, und das *Dau* folgt (den Gesetzen) der Natur«.[12]

E. Schwarz bietet folgende Übersetzung an:

»ein etwas gibt es, aus dem chaos geworden
früher als himmel und erde entstanden

ein einsam-stilles, endlos-weites
in sich allein, unwandelbar
kreisend, nie sich erschöpfend
des alls urmutter könnte man es nennen
ich kenne seinen namen nicht
ich nenne es Dau
und da ich es bezeichnen muß
nenn ich es groß
groß — denn es entfließt
entfließt — ist also fern
fern — und kehrt doch zurück
so ist das Dau groß
groß der himmel
groß die erde
und groß auch das königliche
vier große dinge gibt es in der welt
eines davon ist das königliche
es folgt der mensch der erde
die erde folgt dem himmel
der himmel folgt dem Dau
das Dau folgt sich selbst«.[13]

Wie schon in den anderen Beispielen stehen sich die Texte von E. Schwarz und Jang Ching-shun relativ nahe. V. Hundhausen spricht in der ersten Zeile von einem »Wesen«, was für die beiden anderen Autoren mit »etwas« angehandelt wird. In der Tat sind beide Fassungen möglich, nur impliziert »Wesen« einfach mehr — etwas Bestimmtes, Greifbares und damit unangemessene Assoziationen. Hierzu paßt, daß V. Hundhausen für »Tao« stets »EINES« setzt. Seinem »Wie unbegreiflich in Vollkommenheit, Wie still es ist! Wie übersinnlich klar! In nie sich wandelnder Beharrlichkeit« steht E. Schwarz' »ein einsam-stilles, endlos-weites/ in sich allein, unwandelbar/ kreisend, nie sich erschöpfend« gegenüber.

Wing-tsit Chan bietet folgende, teils deutlich abweichende Übersetzung an:

»There was something undifferentiated and yet complete,
Which existed before heaven and earth.
Soundless and formless, it depends on nothing and does not change.
It operates everywhere and is free from danger.
It may be considered the mother of the universe.
I do not know its name; I call it Tao.
If forced to give it a name, I shall call it Great.
Now being great means functioning everywhere.
Functioning everywhere means far-reaching.
Being far-reaching means returning to the original point.
Therefore Tao ist great.
Heaven is great.
Earth is great.
And the king is also great.
There are four great things in the universe, and the king is one of them.
Man models himself after Earth.
Earth models itself after Heaven.
Heaven models itself after Tao.
And Tao models itself after Nature.« [14]

Bereits der erste Satz setzt hier mit einer Spezifizierung (»undifferentiated and yet complete«) einen anderen Akzent als die deutschen Übertragungen. Ein aufschlußreicher weiterer Punkt sei herausgegriffen. E. Schwarz' »nenn ich es groß/ groß – denn es entfließt/ entfließt – ist also fern/ fern – und kehrt doch zurück« steht bei Wing-tsit Chan gegenüber: »[...] I shall call it Great./ Now being great means functioning everywhere. Functioning everywhere means far-reaching./ Being far-reaching means returning to the original point.« – Auch hier sind die Unterschiede evident. »Entfließt« hat eine andere Konnotation als »far-reaching« (weitreichend/ausgreifend). Der Kommentar Wang Pis deutet das Wort »Yüan« (fern/fern sein/fern sein lassen) als »allerfassend« – bis ans Äußerste. Wir sehen, daß es kaum angeht, zu begründeten »philosophischen« Interpretationen anzusetzen, wenn dabei etwas über chinesische Realitäten ausgesagt werden soll.

Dieser Abschnitt des *Tao-te ching* (Nr. 25) spricht in seinem zweiten Teil vier Elemente an, die alle mit der Qualität »groß« belegt und wie in einer mathematischen Gleichung nebeneinander gestellt werden: Tao, Himmel, Erde und König. Im Abschluß wird eine aufsteigende Ordnungsliste nahegelegt, wobei der »König« in der Rubrik »Mensch« verschwindet und »die Natur« den Endpunkt der Linie darstellt. Ein »regressus ad infinitum« findet nicht statt, bei aller Größe der eingeführten Begriffe. Die Zuordnung der genannten fünf Termini, einschließlich der »Natur«, verweist auf die erhebliche Dichte praktischer, auf die staatliche Sphäre bezogener Aussagen im *Tao-te ching*. Auch sie bereiten, trotz augenscheinlicher Einfachheit, den Interpreten große Mühe. Einige Beispiele seien angeführt. Zum 73. Abschnitt schreibt V. Hundhausen:

»WER DAS Wagnis wagt zu töten,
Muss wohl Mut im Herzen tragen,
Und den gleichen Mut vonnöten
Hat wohl, wer es nicht will wagen. -
Was mehr nützet, wer kann's sagen?

Ist ein Frevel auch geschehen,
Den der Himmel muss verdammen,
Wer kann bis zum Grunde sehen.
Dem die Handlungen entstammen? -
Besser ist es, abzustehen.

Drum, wer berufen ist, bleibt beim Verzichte
Und richtet nicht, damit der Himmel richte,
Der ohne Streiten alles überwindet,
Der ohne Rede jede Antwort findet,
Zu dem man kommt, doch nicht gerufen wird.
Der voller Langmut ist, doch unbeirrt ...

Das weite Netz des Himmels ist geknüpft
Mit grossen Maschen, aber nichts entschlüpft.« [15]

Jang Ching-shun dagegen schreibt:

»Wer tapfer und kriegerisch ist, geht zugrunde. Wer tapfer und nicht kriegerisch ist, wird leben. Diese beiden Dinge bedeuten: das eine Nutzen, das andere Schaden. Wer weiß, weshalb der Himmel den Kriegerischen bestraft? Das zu erklären, ist auch für den Weisen schwierig.

Das himmlische *Dau* kämpft nicht, kann aber siegen. Es spricht nicht, kann aber antworten. Es kommt von selbst. Es ist ruhig, kann aber (die Dinge) lenken. Das Netz der Natur ist weitmaschig, läßt aber nichts durch.« [16]

E. Schwarz wiederum überträgt:

»wer den mut hat zu verzweifeltem wagnis, stirbt
wer den mut hat, nichts aus verzweiflung zu wagen, lebt,
mut in beiden fällen -
doch nützt der eine, der andere schadet

wer weiß, wen und warum der himmel haßt?
so fällt auch dem weisen haß und strafe schwer

das Dau des himmels streitet nicht und siegt immer
redet nicht und findet immer die antwort
ruft nicht, und alle eilen von selbst herbei
verhält sich still und vermag doch weise zu lenken

des himmels netz ist von gewaltiger größe
weitmaschig, und doch entschlüpft ihm nichts«. [17]

In der Übersetzung der ersten Passagen sind gravierende Unterschiede auszumachen. »WER DAS Wagnis wagt zu töten«, sagt V. Hundhausen, wogegen die anderen Interpreten erkennen, daß es nicht um das Töten, sondern vielmehr um das Sterben (bzw. Leben) des Handelnden selbst geht.

Warum das »Wagnis« bei E. Schwarz »verzweifelt« ist, bleibt unbegründet. Im eigenen Kommentar spricht er von der »Tatsache des Aufruhrs, der Rebellion, des *verzweifelten wagnisses* als historisches Phänomen«[18]. Selbst wenn der Kontext der anderen Abschnitte des *Tao-te ching* eine derart sublimierende Auslegung nahelegt – der Text an sich gibt das nicht her.

Dem »Ist ein Frevel auch geschehen, den der Himmel muß verdammen« von V. Hundhausen steht die neutrale Textauffassung E. Schwarz' gegenüber. Auch bei Jang Ching-shun zielt aber der »Haß des Himmels« auf den »Kriegerischen« – den »Frevler« Hundhausens. Meiner Meinung nach entspricht Schwarz' Fassung weitgehend dem Urtext. Bei Jang Ching-shun fällt auf, daß er nicht vom »Netz des Himmels« (E. Schwarz) spricht, sondern von dem der »Natur«. So spricht er auch nur deskriptiv vom »himmlischen Dau« in der Art einer positiven Qualifizierung statt von »Tao des Himmels« – womit freilich der Himmel als Potenz eingeführt wäre, nicht nur als physischer Gegenpol zur »Erde« (25. Abschnitt). Jang Ching-shun vermeidet die Nennung einer Potenz, die Transzendentes implizieren könnte. Übersetzungen, die auf diese Weise geformt werden, können weitgehend nur als Nachempfindung genutzt werden. Wir formuliert die englische Übersetzung von Wing-tsit Chan?

»He who is brave in daring will be killed.
He who is brave in not daring will live.
Of these two, one is advantageous and one is harmful.
Who knows why Heaven dislikes what it dislikes?

Even the sage considers it a difficult question.
The Way of Heaven does not compete, and yet it skillfully achieves victory.
It does not speak, and yet it skillfully responds to things.
It comes to you without your invitation.
It is not anxious about things and yet it plans well.
Heaven's net is indeed vast.
Though its meshes are wide, it misses nothing.« [19]

Die Vorstellung der Autoren Jang Ching-shun und V. Hundhausen, daß der Haß des Himmels ein bestimmtes Objekt habe (»der Kriegerische« bzw. »Frevler«) wird in der Übersetzung Wing-tsit Chans nicht wiedergegeben. Er hält sich eng an den Urtext, wobei aber offenbleiben muß, was das Objekt des »Hasses« eigentlich ist.

Es lohnt sich, weitere Abschnitte zu praktisch-realen Themen aufzugreifen.

Der 75. Abschnitt spricht vom Volk, seinen Lebensbedingungen und seinen »Herren«.

V. Hundhausen schreibt:

»Das Volk verhungert, weil die Obrigkeit
Den Aufwand ihres Prassens ihm entpresst.
Das Volk ist störrisch, weil die Obrigkeit
Zuviel betreibt, nicht aber treiben lässt;
Es scheut den Tod nicht, weil es Überfluss
Begehren lernt, den es entbehren muss.

Nichts tun, nichts trachten um des Lebens willen,
Ist rätlicher als Lebenshunger stillen.« [20]

Jang Ching-shuns Text ist in manchem deutlicher: »Das Volk hungert, weil die Steuern und Abgaben zu groß sind. Deswegen hungert (das Volk). Das Volk zu lenken ist schwer, weil die Herrscher zu geschäftig sind. Deswegen ist es schwer zu regieren. Das Volk stirbt leicht, weil sein Streben nach Leben übermächtig ist. Deswegen stirbt es leicht. Gerade wer sein Leben verachtet, schätzt sein Leben.«[21]

Beide Texte zeigen aufschlußreiche Erweiterungen gegenüber dem Urtext sowie Unterschiede untereinander. Hundhausens Volk »verhungert«, Jang Ching-shuns (und Schwarz') Volk »hungert«. »Der Aufwand des Prassens« ist eine freie Extension des Textes, ebenso das »entpressen«. In der Tat wird nur von Naturalsteuern gesprochen, die »(zu)viel« seien. »Es scheut den Tod nicht«, dieser Satz bei Hundhausen ist falsch. Das Finale, auch im Urtext schwierig, fällt in allen drei Fassungen anders aus.

E. Schwarz schreibt:

»das volk hungert
weil die herren zuviel steuern verzehren
deshalb muß es hungern
es ist störrisch
weil die herren zuviel tun, es zu stören
darum ist es störrisch
es nimmt den Tod leicht
weil die herren zu sehr hängen an ihrem leben
deshalb nimmt es den Tod leicht

nur jene wissen das leben wahrlich zu schätzen
die nichts tun, es zu stören«.[22]

Was bei Schwarz »zuviel tun, es zu stören« heißt, lautet bei Jang Ching-shun »zu geschäftig sind« (ohne »stören«!), bei Hundhausen »zuviel betreibt«. Schwarz' »es ist störrisch« meint wörtlich »schwierig zu regieren bzw. ordnen«, was in dieser Fassung aber verdeckt wird.

Die englische Fassung bei Wing-tsit Chan lautet:

> »The people starve because the ruler eats too much tax-grain.
> Therefore they starve.
> They are difficult to rule because their ruler does too many things.
> Therefore they are difficult to rule.
> The people take death lightly because their ruler strives for life too vigorously.
> Therefore they take death lightly.
> It is only those who do not seek after life that excel in making life valuable«. [23]

Abschnitt 80 des *Tao-te ching* entfaltet das Idealbild einer sozialen, staatlichen Zellgemeinschaft mit einem einfachen, auch philologisch nicht schwierigen Bild. Dennoch zeigen die deutschen Übertragungen erstaunliche Varianten.

V. Hundhausen schreibt:

> »Ein Land sei klein, klein der Bewohner Zahl,
> Und sollten sie Geräte auch besitzen
> Verzehn-, verhundertfacht zu ihrer Wahl:
> Mach, dass sie die Geräte nicht benützen!
>
> Lass ihnen Leben wichtig sein und Tod,
> Dass nichts sie treibt, die Welt sich anzusehen,
> Und, stehn auch Schiff und Wagen zu Gebot,
> Zu Hause bleiben und zu Fusse gehen!
>
> Ist auch an Wehr und Waffen reich das Land,
> Lass den Besitz nicht zum Gebrauch verführen!
> Vergessen sei, dass man die Schrift erfand,
> Lass heim sie kehren zu den Knotenschnüren!

Doch gönne ihnen allerbesten Schmaus,
Lass sie bequeme, schöne Kleider tragen!
Gib ihnen Frieden in geräumigem Haus
Und frommer Sitten fröhliches Behagen!

Sei dann ein Nachbarland so nahe auch,
Dass sie der Hähne Krähn, der Hunde Bellen
Von drüben hören können und den Rauch
Aufsteigen sehen von den Feuerstellen:

Man wird uralt, man stirbt und wird begraben.
Ohne das Nachbarland besucht zu haben.« [24]

Im ersten Vers wird indirekt eine Person oder eine Kraft aufgefordert, gegenüber dem Volk oder den Menschen des projektierten Staates zu handeln: »Mach, dass sie ...«. E. Schwarz dagegen faßt diese Passage als Aufforderung an die betroffenen Menschen selbst auf (s.u.).

Im zweiten Vers ergänzt V. Hundhausen frei: »Lass ihnen Leben wichtig sein« — während im Urtext nur vom Tod bzw. Sterben (in der Ferne auf weiter Reise) gesprochen wird. »Zu Hause bleiben und zu Fusse gehen« ist wohl sachlich gemeint, wird aber im Text nicht derart formuliert. Die Tendenz zur dichterischen Ausschmückung wirkt angenehm auf den Duktus, kann aber auch in die Irre führen. In diesem Sinne macht sich »vergessen sei, dass man die Schrift erfand« zwar gut, steht aber im chinesischen Text nicht so geschrieben. Der Text sagt nur, man solle wieder die Knotenschrift aufnehmen.

Jang Ching-shun schreibt:

»Das Reich sei klein, seine Bevölkerung gering. Hat es auch Hunderte begabter Menschen, so verwende man sie nicht.

Die Menschen mögen bis zu ihrem Lebensende nicht weit umherziehen. Hat man auch Boote und Wagen, so braucht man sie nicht zu verwenden. Hat man sogar bewaffnete Streitkräfte, so soll man sie nicht aufstellen. Das Volk möge wieder Knoten knüpfen und sie an Stelle der Schrift benutzen. Seine Speise sei schmackhaft, seine Kleidung schön, sein Leben ruhig, sein Alltag froh. Mögen die benachbarten Reiche aufeinander schauen, mögen sie das Hähnekrähen und Hundegebell voneinander hören, aber mögen die Menschen bis ins Alter und zum Tode einander nicht besuchen!«[25]

Hier soll nur erwähnt werden, daß der Satz »Die Menschen mögen bis zu ihrem Lebensende [...]« eine grobe Verkürzung darstellt. E. Schwarz bietet die bessere Lösung (*) an.

Er schreibt:

»klein sei das land, das volk gering an zahl
so viele werkzeuge es gibt, gebraucht sie nicht!
lehrt das volk den tod scheuen und weites wandern meiden! *
gibt es auch boote und wagen
man besteige sie nicht
gibt es auch harnisch und waffen
man hole sie nicht hervor
das schreiben schafft ab
lehrt die menschen wieder quippu-knoten knüpfen
die speise sei ihnen süß
die kleidung schön
die hütten bequem
die sitten fröhlich
die nachbarstaaten liegen dicht beisammen
man hört die hühner gackern, die hunde bellen
und doch verkehrt man bis zum tode
mit seinen nachbarn nicht.«[26]

Der Text zeichnet in einfachen Worten einen natürlichen Lebensrahmen, in dem die Zivilisationsgüter zwar vorhanden sind, aber keinen Einfluß auf Handlungsweisen, Ziele und Wünsche der

Menschen ausüben. Der Satz »das schreiben schafft ab« steht nicht im Urtext.

Auf eine Wiedergabe der englischen Fassung will ich verzichten, da sie keine wesentlich neuen Wege der Textinterpretation aufzeigt. Wie wir gesehen haben, liegen die Unterschiede zwischen den Fassungen nicht nur im Philologischen. Interpretative oder dichterische Schönungen des deutschen Textes bleiben für den Leser als solche unentdeckt. Nur wenige werden vergleichend lesen.

Der deutsche Literat und Philosoph muß zumindest im deutschsprachigen Bereich mit Texten arbeiten, die den *Lao-tzu* nur annäherend widerspiegeln. *Lao-tzu* oder das *Tao-te ching* wurde zu einem Steinbruch für Aphorismen, »Weisheiten des Fernen Ostens«, die in schöner Nachdichtung präsentiert der Erbauung dienten. Andererseits aber war der Text zum Beispiel für Alexander Ular geeignet, uns aus einer behaupteten indo-europäischen Sprach- und Kulturbefangenheit herauszuführen. Auch in diesem Sinne hatte das *Tao-te ching* in Deutschland Einfluß auf die literarische Szene der ersten Jahrzehnte des 20. Jahrhunderts.

Im folgenden Paragraphen wende ich mich der Behandlung des *Lao-tzu* in der Sinologie (Chinakunde) der jüngeren Vergangenheit zu. Es ist erstaunlich, wie sich mancher uns nun bekannte Ansatz auch hier hält.

# 5. Der Text Lao-tzu in der modernen Sinologie

Die moderne Sinologie orientiert sich bei der Bearbeitung des *Tao-te ching* (*Lao-tzu*) an folgenden Gegebenheiten: Textrezeption und Kommentierung sind seit Jahrhunderten grundlegend von der Editionstätigkeit des Gelehrten Wang Pi (226 - 249) bestimmt. Eine ältere Interpretationsschiene verbindet sich mit dem legendären Namen Ho-shang kung. Diese Textdarstellung soll Kaiser Wen der Han Dynastie (reg. 175 v. Chr. - 156 v. Chr.) überreicht worden sein. Heute besteht die Ansicht, daß der aktuelle Text vielmehr aus der »Späteren Han Zeit« (25-220) stammt. Beide Namen jedenfalls stehen für Textfassungen und Interpretationszüge, die, zusammenfassend gesagt, einer konfuzianisch-staatsorientierten Auslegung einerseits und einer taoistisch-religiösen andererseits anhängen.[1] Die Sinologie hat die Aufgabe, diese Interpretationslinien und ihre späteren ausufernden Weiterentwicklungen darzustellen sowie auch in die Vergangenheit zurückschreitend der mutmaßlich ursprünglichen Aussage des *Lao-tzu* nachzuforschen.

Dieses Bild hat sich seit 1973 verändert, und zwar durch eine archäologische Entdeckung in Changsha (Provinz Hunan), die Manuskripte in einem Grab aus dem Beginn des 2. vorchristlichen Jahrhunderts zutage förderte. Seitdem stehen diese Funde im Mittelpunkt der philologischen Auswertung und Interpretation des *Lao-tzu*. Vor allem amerikanische Fachleute haben sich darum verdient gemacht.[2]

In letzter Zeit erschienen entsprechende Bearbeitungen des

*Tao-te ching* (bzw. *Te-tao ching*), die auch den chinesischen Text präsentieren. Drei Titel seien genant:(1) Lao-Tzu Te-Tao Ching. A New Translation Based on the Recently Discovered Ma-Wang-Tui Texts, übers. von Robert G. Henricks, New York 1989. (2) Tao Te Ching. The Classic Book of Integrity and the Way. An Entirely New Translation Based on the Recently Discovered Ma-Wang-Tui Manuscripts, übers. von Victor H. Mair, New York 1990. (3) Il libro della virtù e della via. Il Te-tao-ching secondo il manoscritto di Ma-wang-tui, übers. von Lionello Lanciotti, Milano 1981.

Die in Changsha aufgefundenen Seidenschriften gehörten zu elaborierten Grabbeigaben, unter denen sich zwei Texte *Lao-tzu* fanden.[3] Sie liefern reiche Informationen durch die sich ergebenden Vergleichsmöglichkeiten. Verschiedene Schreibweisen (Tabus u.a.) ergeben zum Beispiel, daß die Texte nicht zur gleichen Zeit, generell aber im angeführten Zeitraum kopiert wurden. Schriftzeichen wurden ausgetauscht, um Namenszeichen regierender Herrscher nicht zu verwenden. Derartige Veränderungen sind inhaltlich unbedeutend. Dennoch, die Seidentexte zeigen gewichtige Varianten, die neue Horizonte für jede Beschäftigung mit dem *Tao-te ching* eröffnen, auch im Hinblick auf Projektionen zu einer noch älteren, ursprünglichen Fassung des Textes.

Beide Fundmanuskripte unterscheiden sich erheblich von der Edition Wang Pis. Sie zeigen für den Text *Lao-tzu* nur zwei große Teile, die in sich nicht weiter gegliedert sind und natürlich auch keine Kapitelüberschriften tragen. Der Kommentar *Ho-shang kung* beispielsweise zeigt solche Kapitelüberschriften. Die berühmte Zahl 81, die im *Tao-te ching* die Abschnitte mit einer Zahlenemblematik verbindet, spielt hier keine Rolle. Außerdem sind die beiden Teile »Tao-ching« und »Te-ching« in der Reihenfolge vertauscht. Der Titel des *Lao-tzu* lautet daher *Te-tao ching*, wozu ein britischer Sinologe die Übersetzung »The aquisition of the

Way« vorschlägt und nicht mehr die gewohnte Form »The Way and its Power«.[4] Derselbe Autor stellt zudem die These in den Raum, daß vielleicht schon zur Zeit der »Streitenden Reiche« (475 v. Chr. - 221 v. Chr.) der Text in zwei Fassungen, mit einer unterschiedlichen Reihenfolge der Hauptteile, parallel vorlag. Unterschiede in der Diktion würden nahelegen, daß im 3. und 4. Jahrhundert unserer Zeitrechnung der Text verändert wurde, um den Bedürfnissen des religiösen Taoismus zu entsprechen, der für seine Überzeugungen eine »intellektuelle Ahnherrenschaft« suchte.[5]

Der Teil »Tao-ching« der in Changsha entdeckten Texte entspricht inhaltlich, jedoch nicht der Reihenfolge nach, den Abschnitten 1-37 und der Teil »Te-ching« den Abschnitten 38-81 der bisher bekannten Editionen. In den Fundmanuskripten ist also Abschnitt 38 der einführende, erste Abschnitt. Der Teil »Tao-ching«, also an zweiter Stelle im Text von Changsha, beginnt demnach in der Mitte des Buches, das als Ganzes mit Abschnitt 37 endet.

Die Gliederung in 81 Abschnitte wird traditionell Ho-shang kung, während der Zeit des Han Kaisers Wen (175-156), zugeschrieben. Damit wird anscheinend die bereits genannte Meinung bestärkt, der religiöse Taoismus habe zu eigenen Zwecken das Buch *Tao-te ching* genutzt und den Textbestand manipuliert. Das Geschichtswerk *Shih-chi* bestätigt, daß der Text in früheren Epochen nur mit einer einfachen Einteilung in zwei Kapitel bekannt war.[6] Für die Anordnung der »Te«-Kapitel an erster Stelle und der »Tao«-Kapitel an zweiter scheint zu sprechen, daß der Legalist Han Fei-tzu (gest. 233 v. Chr.) diese Anordnung bestätigt.[7]

Beide Manuskripte aus dem Fund in Changsha sind mit legalistischen Texten, im Anhang oder Vorspann, kombiniert.[8] Dies scheint den Text *Te-tao ching* in die Sphäre der politischen Philosophie der Legalisten einzubinden. Die eher metaphysisch auslegbaren »Tao«-Abschnitte finden sich denn auch erst im zweiten Glied.

Die Einteilung des Werkes in 81 Abschnitte durch Ho-shang kung brachte das Risiko mit sich, zu trennen, was zusammengehört oder vielleicht als zusammengehörig verstanden werden kann. R.G. Henricks hat fundierte Untersuchungen zum *Te-tao ching* vorgelegt. Er konnte zeigen, daß der Text auf problematische Weise an vielen Stellen geteilt wurde, wodurch sich stellenweise dann andere Textauffassungen anbieten, als bei der Edition Wang Pis gegeben. Auch ist erkennbar, daß sich die Reihenfolge der Abschnitte, wenn sie in den Fundtexten nachträglich nummeriert würden, anders als im geläufigen *Tao-te ching* darstellt.[9]

Ein großes Gebiet für zukünftige philologische Forschungen zu diesen Texten bieten die Schreibvarianten, die sehr wohl inhaltliche Bedeutungsunterschiede anzeigen können. So finden sich Synonyme und Homonyme ausgetauscht. Schriftzeichen werden teils mit anderen Radikalen geschrieben, wodurch besonders deutlich Sinnveränderungen erfolgen.[10] Manche Schriftzeichen erscheinen ohne Radikal, manche mit Radikal, stets natürlich im Vergleich mit der Fassung in der Edition Wang Pis. Andere Schriftzeichen erhalten unterschiedliche phonetische Elemente, während wieder andere Zeichen schlicht archaische Formen darstellen, deren Identität nur mühsam festzustellen ist. Statistisch fallen die meisten Varianten in die Kategorie der Synonyme und Homonyme. In geringerer Zahl gibt es offenbar absichtlich verkürzte Zeichen und Formen, die in der Zeit vor der Vereinheitlichung der Schrift zur Han Zeit geläufig waren.[11]

Bei der Übersetzung und Interpretation des *Te-tao ching* von Changsha müssen wichtige grammatische Unterschiede berücksichtigt werden, was nur knapp angedeutet sei. Die Fundtexte zeigen einen massiven Gebrauch grammatischer Partikel und Hilfswörter, die dem Text mehr Eindeutigkeit und Klarheit verleihen als in der Edition Wang Pis vielfach gegeben. In dieser Edition wurden Grammatikpartikeln ausgespart, und so wurde das gesamte Zeichenvolumen gedrückt. Es liegt nahe anzunehmen, daß man sich der Zahl der »gut 5000« Worte annähern wollte, die Lao-tzu angeblich am Hanku Paß beim Zöllner Yin Hsi hinterlegt hatte. So schrumpfte der Text von etwa 5467 Worte auf 5281 (Wang Pi).[12]

Ein Beispiel nur sei genannt. Die Partikel »yeh« zeigt eine Pause an, eine Betonung, oft aber auch eine Gleichsetzung im Sinne von »A ist gleich B« (chinesisch: »AB yeh«). In der Edition Wang Pis erscheint »yeh« dreizehnmal, in den beiden Fundtexten 139 bzw. 155 Mal.[13] Ähnliches gilt auch für andere Worte, die syntaktische Bedeutung haben. Klar, daß die Übersetzung vielfach anders nuanciert ausfällt. Es würde zu weit führen, wenn ich hier das ganze Feld der philologischen Fragestellungen auflisten wollte. Die moderne Sinologie hat dieses Problemfeld erkannt und ergriffen, wie die Ausführungen von R.G. Henricks, M. Loewe u.a. und von zahlreichen chinesischen und japanischen Wissenschaftlern zeigen. Es ist nicht so, daß die Welt einen »neuen« *Lao-tzu* erhalten hätte, aber die künftigen Forschungen werden zeigen, wie weit wir uns dem *Lao-tzu* der Zeit der »Streitenden Reiche« annähern können.

Bei diesen Prämissen lohnt es, die Kritik aus der Fachwelt an den neuen *Lao-tzu*-Präsentationen wahrzunehmen, die in Kenntnis der Textfunde von Changsha entstanden waren. Die oben genannten Monographien von R.G. Henricks (1989) und V.H. Mair (1990) wurden u.a. von J.F. Pas kritisch besprochen.[14] In Anknüpfung an Ausführungen in voranstehenden Kapiteln möchte ich auf Unterschiede in der Übersetzung und Textauffassung eingehen, auf die J.F. Pas verwiesen hat.

Abschnitt 1 wird von Henricks eröffnet mit dem Satz: »Tao

that can be spoken of [...]«; dem stellt Mair »The ways that can be walked [...]« gegenüber. In Abschnitt 3 spricht Henricks vom Willen bzw. Wünschen, das zu schwächen sei (»Weakens their wills«), wohingegen Mair den Begriff »Ambition« einführt (»Weakens their ambition [...]«). Sehr problematisch ist die Übertragung von Abschnitt 4. Während Henricks sagt: »The Way is empty; Yet when you use it, you never need fill it again«, formuliert Mair »The Way is empty, yet never refills with use« – wobei nicht unbedingt klar ist, was das eigentlich bedeutet. J.P. Pas verweist auf die Interpretin Ellen M. Chen, die eine auch meiner Meinung nach passende Auslegung anbietet: »Tao is like an empty vessel, yet when used there is nothing it does not fill«. Dies bedeutet, daß Tao »leer« ist, kein materielles Sein darstellt, aber es erfüllt alle Wesen und Dinge in ihrem Was- und So-Sein.[15]

Ein weiteres Problem ist die vielfach vermutete Gegenwart eines Gottesbegriffs im *Lao-tzu*. Wiederum geht es um Abschnitt 4. Henricks übersetzt die entsprechende Passage folgendermaßen: »We don't know whose child it is; It seems to have /even/ preceded the Lord«. Mair dagegen sagt: »I know not whose child it is, only that it resembles the predecessor of God«. Die Übersetzung »Gott« (God) wird von J.F. Pas für ungenau und irreführend gehalten. Eine Reihe anderer Autoren übersetzt das entsprechende Wort ebenfalls mit »Lord«, aber auch mit »Emperors«, »Ancestor« und »the father of things« (Herr/Herrscher, Kaiser, Ahn, Vater aller Dinge).

Andere Unterschiede in den Übersetzungen mögen teils nur Varianten bedeuten. Gelegentlich aber wird auch die Grammatik umgedeutet. Während Henricks (Abschnitt 29) für eine Sentenz korrekt eine Aktiv-Konstruktion übersetzt, sieht Mair an derselben Stelle eine Passiv-Konstruktion. »Those who act on it destroy it« steht bei Mair »Who acts upon it will be defeated« gegenüber.[16]

Neben derartigen Unterschieden in der Übersetzung gibt es

eine Reihe von grundverschiedenen Ansätzen der Einordnung des *Lao-tzu* in die chinesische Tradition. Wie steht es mit dem Verhältnis des Textes zur legalistischen Tradition, ist er ein »religiöser Text«, stehen transzendente, mystische Traditionen im Vordergrund? Für all diese Positionen finden sich Vertreter in der modernen Forschung.

Wurde im dritten Kapitel Kremsmayer angeführt, der für Lao-tzu Beziehungen zu Altbabylon nahelegen wollte, so vertritt V. Mair in gewisser Weise ähnliche Positionen, allerdings bezogen auf Indien. Er meint, daß die Upanischaden »die gesamten philosophischen, religiösen und physiologischen Grundlagen des Taoismus ahnen lassen (foreshadow)«.[17]

J.F. Pas vertritt die Meinung, daß der Wert der Fundtexte von Changsha nicht überhöht werden solle. Sie seien hilfreich bei der philologischen Arbeit an schwierigen Stellen, bei denen etwa Fragen der Zäsur (Interpunktion) oder Zeichenfassung eine Rolle spielen. Die neue Reihenfolge (*Te-tao ching* gegen *Tao-te ching*) könne nicht mit Sicherheit ein inhaltlich bestimmendes Element sein, da über ihr Zustandekommen nichts bekannt sei. Reiner Zufall, etwa in Form der Art, wie die Texte am Fundort abgelegt wurden, sei nicht auszuschließen.[18]

Letztlich sehen wir uns für unsere Einführung zu Lao-tzu auf jenen Textbestand zurückverwiesen, wie er seit Ho-shang kung und Wang Pi allgemein vertraut ist. Dieses Vorgehen kann wohl auch durch E.M. Chens Beobachtung bestätigt werden. Sie sagt, daß die Texte von Changsha zwar »physisch« älter sind als alle anderen vorhandenen, aber der von Fu I überlieferte T'ang Text gründe sich auf ein heute verlorenes Manuskript, das zwanzig oder dreißig Jahre älter gewesen sei als die Texte von Changsha.[19]

Während damit das Feld für weitere sinologische Arbeit abgesteckt ist, befasse ich mich nun mit der traditionellen chinesischen Einordnung des *Lao-tzu*.

# Zweiter Teil
# Zur Geschichte der Lao-tzu-Rezeption im traditionellen China

# 1. Lao-tzu im Rahmen der chinesischen Bibliographie

Die chinesische Kulturgeschichte ist von Anfang an mit der Abfassung, Archivierung und formalen Entwicklung literarischer Dokumentationen religiöser (z.B. Orakel) und profaner Art (»Pläne und Berichte«) verbunden. Der Begriff der Literatenkultur, untrennbar verknüpft mit dem organisatorischen, administrativen und intellektuellen Gerüst des chinesischen Staates, verweist letztlich auf den seit der Han-Zeit (etwa 206 v. Chr. - 220 n. Chr.) bestehenden Beamtenstaat des Kaiserreichs. Die intellektuellen Inhalte, die in der Geschichte prägend wirkten, wie auch die Dokumentationen, die zur Verwaltung des Reiches dienten, also etwa die lokalgeschichtlichen Quellen und Register, sie stellen einen quantitativ schier unermeßlichen und einzigartigen Kulturschatz dar.

Die auf diese Weise schriftlich gesicherten Informationen bedeuten für ihren Besitzer Macht und Legitimation. Diese Macht konzentrierte sich am kaiserlichen Hof mit seinen Bibliotheken, verwaltet von beamteten Archivaren. Der Gelehrte Cheng Ch'iao (1104-1162) betont die Notwendigkeit einer gleichen Gewichtung von Dokumenten (shu) und Karten bzw. Plänen (t'u). Er sagt, daß die Ch'in Herrschaft (221 v. Chr. - 207 v. Chr.) die Gelehrten und ihre Fertigkeiten abgelehnt und zerstört hätte, nicht aber ihre »Dokumente und Karten«. Diese literarischen Zeugnisse wurden in Hsien-yang aufbewahrt, und als die Han-Dynastie die Ch'in (206 v. Chr.) ablöste, waren wiederum Besitz und Sicherung dieser Unterlagen von wesentlicher Bedeutung.

Auch gilt es, das alte Bild vom Gelehrten anzuführen. Die Karten bzw. Pläne und die Dokumente bzw. Berichte würden zu seiner Linken bzw. zu seiner Rechten liegen, ähnlich wie die Beamten der Historikergilde »zur Linken und zur Rechten« entsprechend spezifizierte Aufgaben wahrnähmen.[1]

Für uns ergeben sich daraus die Fragen, wie das chinesische Schrifttum bibliographisch behandelt und wie in diesem Rahmen das Buch *Tao-te ching* eingeordnet wurde. Wir wissen, daß die bibliographische Ordnung eine Rangordnung ausdrückt, die auch über das Maß der Authentizität und Unverrückbarkeit der Textgestalt Auskunft gibt. Es war eben ein Unterschied, ob eine »Schrift« wie das *Buch der Wandlungen* (*I-ching*) zur Diskussion stand, ein Nachfolgewerk des Typs »Meister bzw. Philosophen«, wie das Buch *Chou-i ts'an-t'ung ch'i* oder eine »Sammlung« von Erzählungen. Offenkundig handelt es sich um qualitativ und ideell verschiedene Kategorien.

Mit dem Gelehrten Liu Hsin (Han Zeit; gest. 23 n. Chr.) und seinem Katalog der kaiserlichen Bibliothek *Sieben Zusammenfassungen* (*Ch'i-lüeh*) wird ein erstes organisatorisches Grundmuster für die chinesische Bibliographie begründet. Die primären Einteilungen enthielten die Titel der Konfuzianischen Schriften, der Philosophen-Schulen, Dichtung, Militaria, Weissagung und Texte zu medizinischen Techniken. Bei den Philosophen (Chu-tzu lüeh) bildeten die Taoisten (Tao-chia) eine Gruppe, und unter den vier Gruppen der medizinischen Schriften befaßte sich eine mit der Kunst, »die Unsterblichkeit zu erreichen« (Shen-hsien).[2] War dies zunächst auch ein Vorbild für spätere Bibliographien, eine komplexe taoistische und buddhistische Literatur war hier nicht unterzubringen.

Wang Chien (452-489) kompilierte die Bibliographie *Sieben Monographien* (*Ch'i-chih*), die für die Schriften beider Religionen eigene Sektionen enthielt. Juan Hsiao-hsü (479-536) stellte die *Sieben Register* (Ch'i-lu) zusammen, in denen der Buddhismus vor dem Taoismus aufgelistet war – also Vorrang hatte. Die Liste von Bibliographien dieser Art soll nicht fortgesetzt werden.[3]

Am Endpunkt der jahrhundertelangen Geschichte der chinesischen Bibliographien steht jene imperiale Bibliographie, die für uns die umfassende Dokumentation der offiziellen Auffassung von Literatur, ihrer Geschichte und ihrer Werte darstellt. Es handelt sich um die Bibliographie zur Hofbibliothek der Mandschu-Kaiser in China, genannt *Kaiserlich dekretierter umfassender Katalog der vollständigen Schriften der Vier Schatzhäuser* (*Ch'in-ting ssu-k'u ch'üan-shu tsung-mu*) von 1782.[4]

Im Kern organisiert sich dieser Katalog nach einer Vierereinteilung (Ssu-pu/k'u), die seit der Sui/T'ang Zeit (581-618/618-907) all jene bibliographischen Gliederungen ablöst, die auf Liu Hsins *Sieben Zusammenfassungen* (*Ch'i-lüeh*) zurückgehen. Die »Vier Schatzhäuser« sind (1) »die Schriften« (ching), (2) »die Geschichtsberichte« (shih), (3) »die Meister bzw. Philosophen« (tzu) und (4) »die Sammlungen« (chi).

Grundsätzlich gilt, wie bereits angedeutet, daß diese Reihenfolge auch eine Rangfolge impliziert. Taoistische Werke finden sich in der Literatursektion der bereits eingeführten Han-Geschichte (*Han-shu*) als ein Abschnitt von zehn unter der Rubrik 3, »Alle Meister« (Chu-tzu).

Dieses Werk definiert die taoistischen Experten als Richtung oder Schule, die aus dem Historiker-Stand (Shih-kuan) hervorgegangen sei. Sie hätten Blüte und Verfall, Glück und Unglück im Lauf der Geschichte notiert und ihre Gesetzmäßigkeiten erkannt. Reinheit und Bescheidenheit seien als Qualitäten zu beschreiben, die einem Herrscher zukommen. In Übereinstimmung mit Yao, einem (legendären) Kulturheroen der Frühgeschichte Chinas, und mit den Gesetzen des *Buchs der Wandlungen* (*I-ching*) hätten sich die Taoisten von den Normen der »Riten«, von Zielen, die mit

»Mitmenschlichkeit« und »Rechtlichkeit« bezeichnet werden, freigemacht -- als Formalismen aus dem Kanon der Konfuzianer. Nur durch vollkommene Reinheit und Leere hätten sie wirken und herrschen wollen. Dies bezeichnet im Rahmen der chinesischen Staatlichkeit eine Grundposition, die stets mit den Taoisten assoziiert wurde.[5]

Im *Han-shu* werden jedenfalls 37 Taoisten bzw. taoistische Werke genannt, die einen Umfang von 993 Abschnitten aufweisen. Dieser Eintrag ist einer Auflistung Konfuzianischer Titel (Ju-chia) nachgeordnet.[6] Zur Aufstellung der taoistischen Bücher ist zu vermerken, daß mancher Titel in seiner Zuordnung als ambivalent empfunden wurde. Die Personennamen I Yin und T'ai-kung etwa, oder gar der Titel *Sun-tzu*, erinnern daran, daß diese Namen die »Taoisten« und die Gruppe der Experten für das Militärwesen verbinden. Sie werden teils andernorts als »Militär-Experten« (Ping-chia) geführt.

Die Zuordnung eines Titels zu einer der vielen Kategorien war nicht immer statisch festgelegt, von den großen »Schriften« der ersten Kategorie (ching) abgesehen. Ich erinnere beispielhaft an eine seit dem 5./6. Jahrhundert virulente Texttradition, die *Schrift von den verborgenen Kontrakten des Gelben Kaisers* (*Huang-ti yin-fu ching*). Ihre Zuordnung zu »Taoismus« oder »Militaria« beschäftigt die Gelehrten Chinas bis in dieses Jahrhundert.[7]

Wesentlich liegt dies in der Ambivalenz der Terminologie begründet wie folglich auch im Inhaltlichen. Eine vollkommene Verwaltung von Staat und Gesellschaft ist von der Balance der zivilen und militärischen Kapazitäten (wen-wu) abhängig. Diese und ähnliche Einsichten lassen sich mit Schriften, wie mit dem genannten Werk *Huang-ti yin-fu ching*, begründen. Die Welt galt als makrokosmisches Ebenbild des menschlichen Körpers mit all seinen energetischen Bedingtheiten. Selbstkontrolle und Selbstkultivierung standen also im Mittelpunkt des praktischen Interesses eines

Taoisten bei seinen Bestrebungen, den profanen Leib zu verfeinern und die Unsterblichkeit der Genien des Altertums zu erreichen.[8] War dem einen die Vermeidung von Verlust an Körperenergien größtes Anliegen, so sah der andere in der Schlacht, die nicht geschlagen wurde, den erstrebten Sieg. Beide mögen sich derselben Texte und Terminologien bedient und sich auf dieselben Autoritäten berufen haben. Ich führe dies nicht weiter aus, ist doch sicherlich deutlich, daß im Bereich der Bibliographie mit ambivalenten Verhältnissen zu rechnen ist. In diesem Sinne sei an den Katalog *Ch'i-lüeh* des Liu Hsin erinnert. Hier fand sich unter den »Medizinischen Schriften« ein Abschnitt zur Kunst der Unsterblichkeit (Shen-hsien), den wir heute ohne Umschweif den »Taoisten« zurechnen würden.[9]

In der Literaturabteilung (Ching-chi) des *Sui-shu*, der *Geschichte der Sui Dynastie (581-619)*, enthält die Rubrik »Alle Meister« folgende Unterabschnitte: Konfuzianer, Taoisten, Erzählungen, Militaria, Medizin. »Alle Meister«, also der dritte Hauptabschnitt, listet unter »Taoisten« achtzehn Titel auf, die mit dem Namen Lao-tzu beginnen. Das Buch *Tao-te ching* wird entweder direkt oder eben unter diesem Namen (Lao-tzu) subsumiert. Es folgen andere Philosophen, wie Ho-kuan tzu, Lieh-tzu, Chuang-tzu – mit etlichen anderen Titeln.

Das Werk *Lao-tzu tao-te ching* (2 Kapitel), »vom Archivar der Chou-Dynastie, Li Erh, geschrieben«, eröffnet die Reihe der Kommentarwerke zum *Lao-tzu*. Es wird darauf hingewiesen, daß zur Zeit des Han Kaisers Wen (179-157 v. Chr.) ein Kommentar von Ho-shang kung erstellt wurde. Ferner erfahren wir, daß es in der Liang Zeit (502-557) einen Kommentar aus der Zeit der »Streitenden Reiche« gab, dessen Autor als Ho-shang chang-jen ausgewiesen war. Dieses Werk, wie auch noch andere hier erwähnte Kommentare der Han Zeit, war zur Sui Zeit bereits verloren.

Der nächste Eintrag ist Wang Pis (226-249) Kommentar zum

*Lao-tzu* (2 Kapitel). Im folgenden werden noch andere Kommentarwerke behandelt, worunter sich die Kommentare der Liang-Kaiser Chien-wen (550-552) und Wu-ti (502-548) finden. Mit den historisch mutmaßlich ältesten Werken, den Texten Lao-tzus und Ho-shang kungs, sowie mit Wang Pis Kommentar sind die maßgeblichen Schriften zum *Tao-te ching* genannt. Sie stellen die Kerntexte für alle späteren Exegeten dar, die wesentlich die unterschiedlichen interpretativen Ansätze Wang Pis oder Ho-shang kungs weiterführten. Chinesische Philosophiegeschichte ist eben vor allem auch »Kommentargeschichte«.[10]

Die Literatursektion des *Sui-shu* benennt im selben Abschnitt, Rubrik »Medizin«, wo etwa Rezeptliteratur aufgelistet wird, zwei weitere mit dem Namen *Lao-tzu* eingeführte Titel.[11] Dies verweist auf die Diffusion des Namens Lao-tzu als legitimierendes Element, aber auch auf die Zusammenhänge zwischen Gesundheit bzw. Krankheit, Heilung und Prävention, zwischen Belangen der taoistischen (physiologischen) Selbstkultivierung und religiösen Konzepten vom Sein und Wesen des Menschen.[12] Ich erinnere an die Sektion »Shen-hsien«, die bereits von Liu Hsin (*Ch'i-lüeh*) zusammen mit den medizinischen Schriften gruppiert wurde. In vielerlei Hinsicht zeigt sich also Konsistenz, was durch äußerliche Unterschiede in der Textorganisation verschleiert scheint. Wo findet in diesem Rahmen jene Literatur der Taoisten Aufnahme, die dem Bereich des religiösen Taoismus zuzurechnen ist, mit seinen vielseitigen praktischen Belangen?

Im vierten Abschnitt der Literatursektion im *Sui-shu* bei den »Sammlungen« stehen im Anhang die »Taoistischen Schriften« (Tao-ching) und die »Buddhistischen Schriften« (Fo-ching).[13] Hiermit befinden sich diese Schriften außerhalb des ursprünglichen formalen Grundmusters der Bibliographie. Es gilt für jenen Literaturschatz, der sich auf das säkulare Leben, auf Staat und Gesellschaft als genuines Kulturerbe bezieht. Zu den taoistischen

Schriften erhalten wir eine Umfangsbeschreibung in Kapiteln zu Schriften und Regeln, Diätetik, Sexualpraktiken, Amuletten und Registern. Alles zusammen 377 Abschnitte mit 1216 Kapiteln. Einzeltitel werden nicht genannt.

Eine mehrseitige Darstellung zur kosmischen Genese und zum Inhalt dieser Schriften schließt sich an. Die Schriften des religiösen Taoismus gelten als Offenbarungen aus himmlischen Sphären und besitzen daher die Qualität von Verehrungsobjekten. Unser Autor, Lao-tzu, erscheint als Gottheit »Allererhabenster Lord Lao« (T'ai-shang Lao-chün), und als Gottheit wirkt er maßgeblich in der unermeßlich langen Transmissionsgeschichte dieser himmlischen Schriften.[14] Durch alle Zeitzyklen hindurch hatte Lao-chün Bestand, wie auch diese Schriften selbst, die zu gegebener Zeit aus himmlischen Archiven geoffenbart wurden. Diese Dinge werden ausführlich dargestellt, wobei natürlich Hinweise auf die hervorragend positiven Einwirkungen dieser Schriften auf Mensch und Welt nicht fehlen.

Beginnend mit der Vorgeschichte, mit der Zeit vor jeder menschlichen Kenntnisnahme dieser Schriften, schreitet der Text im *Sui-shu* fort zur gegebenen historischen Zeit. Zunächst seien also die legendären Kaiser der Frühgeschichte den Unsterblichen begegnet und hätten taoistische Schriften und Register erhalten. Lange Zeit sei vergangen, zu der keine genaueren Nachrichten überliefert seien. In der Han Zeit habe es verschiedene taoistische Traditionen gegeben, aber die Amulette und Register der höchsten himmlischen Beamten (und die damit verbundenen liturgischen Mittel) hätten noch nicht vorgelegen. Zu jener Zeit seien die wesentlichen Inhalte in den Schriften *Huang-ti* (4 Kapitel) und *Lao-tzu* (2 Kapitel) tradiert worden.

Der Bericht im *Sui-shu* beschreibt naturgemäß die Geschichte des Taoismus nur in groben Umrissen bis zur Sui Zeit. Seit 581, dem ersten Jahr der Sui, seien Buddhismus und Taoismus wieder zu neuer Blüte gelangt. Kao-tsu (Sui Wen-ti) sei dem Buddhismus zugeneigt gewesen, habe für taoistische Priester wenig übriggehabt. Ab 605 aber seien Taoisten mit ihren Kunstfertigkeiten wieder zahlreicher (am Hof) in Erscheinung getreten. In ihren Schriftendarlegungen seien sie vom *Lao-tzu* (*Tao-te ching*) als Grundlage ausgegangen, dann erst hätten sie *Chuang-tzu*, *Ling-pao* (-Schriften) u. a. dargelegt.[15] Die Erläuterungen sind im Abschluß vorsichtig kritisch. Ähnliche Ausführungen zum Buddhismus folgen.

Wir entnehmen dem, daß für den Taoisten die Schrift *Tao-te ching* »die Grundlage« war, mit der er sich und seine Anliegen öffentlich darstellte. Der Pulk der religiös-taoistischen Schriften aber befindet sich im Annex der Literatursektion der Sui Geschichte, eine negative Rangzuweisung. Im Rahmen des Abschnitts »Alle Meister«, Unterabteilung »Taoisten«, rangiert *Lao-tzu* als Titel an prominenter Stelle, etwa vor *Chuang-tzu*, was auch chronologisch zu verstehen ist. Der Umstand, daß Kaiser Kommentare zum *Tao-te ching* verfaßten, ändert nicht ihre bibliographische Zuordnung. Es handelt sich in diesem Rahmen um eine Textgruppe von vielen.

Mit Sicherheit können wir nicht sagen, daß das Buch *Tao-te ching* im Verständnis der Bibliographen und Gelehrten eine dominante oder gar doktrinäre Stellung von allgemeiner Verbindlichkeit einnehmen würde. Eine hervorragende Stellung hat dieses Buch freilich im taoistischen Kontext. Es ist also immer zu fragen, ob und wie dieser taoistischen Kultursphäre Einfluß und vielleicht Vorrang gewährt wurde. Einzelne Kaiser haben dies getan, ohne aber geschichtlich gesehen den Gesamtrahmen der chinesischen Kultur und ihrer Werte zu verschieben.[16]

In der erwähnten Bibliographie von 1782 finden sich taoistische Werke in der dritten Abteilung, »Meister«, Kategorie »Taoisten« zusammengestellt. Diese Darstellung folgt auf eine Bestandsaufnahme zur buddhistischen Literatur, der hiermit der Vorrang eingeräumt wird. Die Sektion »Taoisten« wird mit einer Vorbemerkung eröffnet, die stichwortartig die inhaltlichen Facetten aufzeigt.[17] Sie reicht von den Mirabilia der Unsterblichen zu Theorien der Unsterblichkeit späterer Autoren. Diätetik, Gymnastik und Sexualpraktiken grenzten an diese Themenbereiche, seien also aufzunehmen.

Namentlich wird Chang Lu (Han Zeit) genannt, der »die Lehre [des religiösen Taoismus] etabliert« hätte, mit Amuletten und Registern, sowie der Taoist K'ou Ch'ien-chih (Nördliche Wei) mit seinen Liturgien und Beschwörungsformeln (bzw. Gebetsformeln). Es werden in dieser Einführung weder *Lao-tzu* noch der Titel *Tao-te ching* erwähnt. Der einzige individuelle Buchtitel, der auftaucht, ist das *Yin-fu ching*, das Inhalte der Militaria berühre. In der Tat eröffnen drei Kommentarwerke zum *Yin-fu ching* die Reihe der vorgestellten Bücher in der Sektion 56, »Meister, Taoisten«, und neun ähnliche Werke machen den Beginn des zweiten Kapitels (Sektion 57) in *Ssu-k'u ch'üan-shu tsung-mu* (Kapitel 146) aus. Einzelne Kommentare zum *Tao-te ching* folgen nun, wobei jeweils aus anderen Bibliographien Elemente der Textgeschichte zusammengestellt werden.

Der erste Kommentar zum *Lao-tzu* wird Ho-shang kung zugeschrieben. Die hier zitierte Bibliographie *Tu-shu chih* verweist auf Ssu-ma Ch'iens Meinung, daß Ho-shang kung und Lao-tzu dieselbe Person seien. Ko Hung (280-340) sei der Meinung, daß man den tatsächlichen Namen des »Herrn vom Flußufer« (Ho-shang kung) nicht kenne. Zur Zeit des Han Kaisers Hsiao-wen habe er sich am Ufer des Huang-ho aufgehalten. Der Kaiser habe von dieser Person dort »taoistische Schriften auf weißer Seide geschrieben« erhalten.

Die vorliegende Bibliographie verweist auf die uns bekannte Literatursektion im *Sui-shu*, wo von einem *Tao-te ching* in zwei

Kapiteln berichtet wird, das zur Zeit des Han Kaisers Wen eben jener Ho-shang kung kommentierte. Außerdem wird erwähnt, daß in der Liang Zeit ein Werk aus der Zeit der »Streitenden Reiche«, *Ho-shang chang-jen chu Lao-tzu ching*, (2 Kapitel) vorlag. Dies sei verloren. Aber, sagt die kaiserliche Bibliographie von 1782, die beiden Namen Ho-shang kung und Ho-shang chang-jen bezeichneten ein und dieselbe Person. Die beiden Kommentare seien ein und dasselbe Buch. Bereits zur Sui Zeit sei das Buch aus der Zeit der »Streitenden Reiche« nicht auffindbar gewesen. Heute werde nur noch das Ho-shang kung Buch aus der Han Zeit überliefert. In der Ming Zeit (1368-1644) sei das Werk in Stein (?) graviert und einem »Mann aus der Ch'in [Zeit]« zugeschrieben worden. Der Text fährt fort mit Einzelheiten der bibliographischen Aufnahme dieses und ähnlicher Werke.[18]

Verschiedene Philosophen wie Lieh-tzu und Chuang-tzu, aber auch hagiographische Sammlungen, so das *Lieh-hsien chuan* folgen. Unter den besprochenen Werken wird beispielsweise eine Nachfolgetradition zum *I-ching* (*Buch der Wandlungen*) aufgeführt, der Textkreis *Chou-i ts'an-t'ung ch'i (...)*.[19] In diesem weiten Rahmen zeigt sich, daß all diese Schriften mit dem *Tao-te ching* die lange, oft nur andeutungsweise rekonstruierbare bibliographische Vorgeschichte gemein haben. Dies wird in dieser Bibliographie zur Kenntnis genommen. Nicht unerwähnt freilich bleibt, etwa beim *Tao-te ching*, die Anbindung des entsprechenden Textkreises an das Schaffen höfischer und gelehrter Zirkel. So gesehen ist der *Lao-tzu* ein Mosaikstein im großen Bild der Texttraditionen in China, denen sich der Gebildete verpflichtet fühlte.

## 2. Lao-tzu im Rahmen der chinesischen Philosophiegeschichte

Für dieses Thema erinnere ich zunächst an einige Ausführungen im vorangehenden Kapitel zur chinesischen Bibliographie. Dort hatten wir erfahren, daß Texte mit eindeutig religiösem Inhalt vielfach im gleichen Atemzug mit den Namen bekannter Philosophen als Indikatoren entsprechender Werke genannt werden. Die Kategorie »Alle Meister« wird als zusammenfassende Beschreibung gesetzt. Die chinesische Gelehrsamkeit hat sich an solchen Klassifizierungen orientiert.

Wer als Beamter und Literat Karriere machen wollte, mußte mit den »Schriften« und ihren Kommentaren vertraut sein. Eigene Kommentarwerke und literarische »Sammlungen« mochten von späteren Generationen zum Beispiel in die bibliographische Kategorie »Sammlungen« eingereiht werden. Es ist wichtig zu sehen, daß die Begriffe »Philosophie« und »Philosophiegeschichte« nicht zum traditionellen Repertoire chinesischer Begrifflichkeit gehören. Beide Begriffe sind in China moderne Prägungen, angelehnt an europäische Konzepte.

Wir bedenken daher weitere Merkmale der europäischen Philosophiegeschichte. Ausgehend von der Philosophie der Griechen, den Vorsokratikern oder den späteren Platonikern u. a., kennen wir die Entwicklung bestimmter Fragestellungen und Gedankengänge. Sie bezeichnen intellektuelle Inhalte, die weit über ihre Urheber und deren Intentionen hinaus wirkten, wobei für spätere Epochen Verbindungen mit religiösen Konzepten aufzuzeigen sind. Der Platonische *Aufstieg der Ideen* begründet beispielsweise in der Scholastik Bonaventuras *Itinerarium mentis in deum.* Trat Philosophie in den Dienst der Religion, verquickte sie sich untrennbar mit ihr. Kaum verwunderlich, daß spätere moderne Philosophen wiederum zur Trennung der Bereiche Philosophie und Religion schritten. Ein wichtiger Anreiz für derartige Entwicklungen war die praktische, wirtschaftliche und politische Verbindung von Staat und Kirche, von weltlicher und geistlicher Macht. Indem Legitimationen hinterfragt wurden, entstand in der Philosophie eine neue Plattform für weiteres philosophisches Suchen.

Die didaktische Dokumentation der literarischen Kultur der Chinesen leistete das vom Staat getragene Bibliothekswesen, dessen Ordnung einen Wert an sich darstellte. Hier wurden Bücher aufbewahrt und kommentiert, die normativen Wert besaßen. Die Kenntnis dieses Materials und die Fähigkeit, es zu deuten, verband sich mit dem Stand der Gelehrten und Beamten, umschrieben mit dem Begriff »Ju«, der allgemein mit »Konfuzianer« übertragen wird. Ein Beamter, der die Staatsprüfungen erfolgreich durchlaufen hatte, rechnete sich zu den »Ju-[Gelehrten]». Diese Bezeichnung galt auch für erfolglose Prüfungskandidaten, die etwa als Privatgelehrte, als »Lehrer«, ihr Wissen weitergaben.

Die Ausbildung dieser Gelehrter erfolgte vorzugsweise unter hohem Aufwand in der Obhut avancierter Gelehrter, eventuell in ihren privaten »Akademien«. Für die Epochen der Sung, Yüan und Ming (960-1644) liegen uns, repräsentativ auch für frühere Zeiten, synoptische Zusammenfassungen der Affiliationen solcher Gelehrter vor, mit den Titeln *Sung Yüan hsüeh-an* und *Ming ju hsüeh-an.*[1] Sie zeigen, in welchem Rahmen sich Entwicklungen intellektueller Inhalte abspielten: Es waren die Beziehungen zwischen Lehrer und Schüler und die sich ergebenden ideellen Verpflichtungen, welche die Einstellung zu Amt und Würde, zu den Inhalten der eigenen praktischen Aktivitäten und gelehrten Äußerungen bestimmten. Diese gelehrten Äußerungen realisierten sich großenteils in Kommentarwerken. Es steht dabei weniger ein großer Gedanke an sich, eine essentielle Frage nach Sinn und Sein, nach metaphysischen Exkursen und ihren Entwicklungen im Mittelpunkt des Interesses.

Bei den traditionellen chinesischen Gelehrten war ein gewaltiger Teil der Energie philologischen Untersuchungen gewidmet, die wegen der Länge und Unsicherheit vieler Texttraditionen notwendig waren. Da es keine vergleichbare Verquickung von staatlicher und religiös-organisatorischer Macht gab, kennt China auch nicht das Phänomen einer »Scholastik« im europäischen Sinne. Das Wissen um literarische Traditionen und ihre praktisch-ethischen Inhalte stehen im Vordergrund.

Eine wesentliche Grundhaltung ist die Überzeugung, daß Lebensform und Organisation der Gesellschaft in der chinesischen Frühgeschichte ideal waren. Auch dies implizierte eine weitgehend philologische Konzentration auf die Quellen der Antike. Natürlich gab es in China, speziell unter dem Einfluß von Buddhismus und Taoismus, »metaphysische« Spekulation, und dann auch im Neo-Konfuzianismus der Ju-Gelehrten der Sung Zeit. Buddhismus und Taoismus, lange nach der Zeitenwende und nach Lao-tzu, haben in diesem Sinne »Philosophie« hervorgebracht – wobei es sich aber weitgehend um neue interpretative Ansätze zu alten Texten und Emblemen handelte. Es sei an die Formel-Texte *Ho-t'u*, *Lo-shu* und *I-ching* erinnert. Diese Namen verweisen auf mythologische Aussagen zur Grundlegung der chinesischen Zivilisation (nicht Philosophie!).[2] Bezeichnenderweise meinen diese Namen nicht auch Persönlichkeiten, die in modernen Philosophiegeschichten als »Philosophen« bezeichnet würden.[3] Hier bewegen wir uns im Bereich der Frühgeschichte und der legendären Kulturheroen, die in China als »Realgeschichte« galten.

Zu diesem Grundsatz der chinesischen Kulturgeschichte gehört auch *Lao-tzu* mit seinem Modell einer gewaltfreien und natürlich (oder spontan) funktionierenden Gesellschaft. Der Text präsentiert ihre Wesensmerkmale, ausgehend vom Begriff »Tao«. Dieses Modell freilich ist aus der Geschichte der Zeit der »Streitenden Reiche« (475-221 v. Chr.) heraus zu verstehen, und zwar als praktische und ideelle Möglichkeit gegenüber dem »Legalismus«, dem Konfuzianismus und anderen politischen Theorien.

In der ausgehenden Chou Zeit wie zur Han Zeit wurde *Lao-tzu* weithin diskutiert. Er gehörte zum Inhalt geistigen Lebens. Bekannte Denker sind zu nennen, so Hsün-tzu (etwa 300-230 v. Chr.), der kritisch eingestellt war. Chuang Chou (etwa 365-290 v. Chr.) hat im Text *T'ien-hsia p'ien* Vorstellungen aus dem *Lao-tzu* präsentiert. Im Buch *Han Fei-tzu*, das auf den Legalisten Han Feitzu (gest. 233 v. Chr.) zurückgeht, findet sich ein Kapitel »Chiehlao« (Erläuterungen zum *Lao-tzu*). Auch im Buch *Huai-nan tzu* (2. Jh. n. Chr.) wird *Lao-tzu* in extenso zitiert. Die reisenden Gelehrten und Intriganten zur Zeit der »Streitenden Reiche« wußten sehr wohl Worte und Meinungen aus dem *Lao-tzu* zu zitieren, wie das Geschichtswerk *Chan-kuo tz'u* (2./3. Jh. n. Chr.) berichtet.[4]

Die in diesen Kreisen tradierten Vorstellungen aus dem *Lao-tzu* haben im traditionellen China eine weite literarische Verbreitung erfahren, unabhängig von konkreten politischen Gegebenheiten. Es war dem einzelnen Gelehrten, seiner individuellen Neigung anheimgestellt, den *Lao-tzu* aufzugreifen, seine Aphorismen und Ideen weiter zu entwickeln. *Lao-tzu* bot immer die Möglichkeit des Rückzugs aus jenen Gedanken, Normen und Formalismen, die durch das Gewicht der »Klassiker« für die staatlichen Prüfungen allpräsent waren. Sie implizierten Konformität gegenüber politischen, administrativen und sozialen Erwartungen. Zu diesem offiziellen Prüfungsstoff für die Aspiranten einer Beamtenkarriere gehörte das *Tao-te ching* nur sehr selten.[5]

Der Einfluß Lao-tzus im Rahmen der chinesischen Philosophiegeschichte ist ebenso amorph wie allgegenwärtig. Sein Einfluß ist stets nur beim individuellen Autor selbst festzumachen. In den Jahrhunderten nach der Zeitenwende gibt es keine intellektuelle Strömung um Lao-tzu als definierbare Gruppierung, vergleichbar den Platonikern oder Scholastikern. Um die Person des Lao-tzu hatte sich keine entsprechende Lehrer-Schüler-Affiliation bilden können wie bei späteren, historisch greifbaren Gelehrten.[6] Lao-tzu zählt, ähnlich den legendären Kulturheroen der Frühgeschichte, zu jenem kulturellen Gut, das von Autoren und Gelehrten frei genutzt wurde. Ein Beispiel für die literarische Diffusion von Inhalten aus dem *Tao-te ching* sei angeführt.

Im Kapitel »Vergleiche zu Textauffassungen in deutschsprachigen Interpretationen« hatte ich den Abschnitt 80 aus dem *Tao-te ching* vorgestellt. Der Text beschreibt als Ideal eine antike zellulare Staatsform mit kleinsten autarken Einheiten:

> »klein sei das land, das volk gering an zahl
> so viele werkzeuge es gibt, gebraucht sie nicht!
> lehrt das volk den tod scheuen und weites wandern meiden!
> [...]
> die nachbarstaaten liegen dicht beisammen
> man hört die hühner gackern, die hunde bellen
> und doch verkehrt man bis zum tode
> mit seinen nachbarn nicht«.[7]

Die Menschen sollten sich wieder der einfachen Knotenschrift bedienen und in Sachen »Administration« und ziviler Kultur zum Einfachen zurückkehren. Das Beachtenswerte scheint mir die Vorstellung von einer autarken Gesellschaft zu sein, die auf einem wenig formalisierten, unkomplizierten Niveau funktioniert.

Der Literat und kurzzeitige Beamte T'ao Ch'ien (372-427) hat in seinem *Bericht zur Pfirsichblütenquelle* eine ganz ähnliche Situation beschrieben.

Ein ungenannter Fischer erreichte angeblich in der Zeit zwischen 376 und 396 einen wundersamen Pfirsichhain, der das von ihm befahrene Flüßchen säumte. Der Fischer gelangte am Ende des Hains zur Quelle des Gewässers. Durch einen schmalen Höhlentunnel, den er entdeckte, kam er in eine weite Ebene mit wunderschönen Häusern und Anliegen und einer ebenso einnehmenden Landschaft. Die Leute, die dort dicht beisammen lebten, erwiesen sich als sehr gastfreundlich. Sie sahen aus wie gewöhnliche Menschen, die friedlich zusammen lebten und wirtschafteten. Sie hatten aber, wie sich bald herausstellte, von der Welt, aus der der Fischer kam, keine Ahnung und wußten nicht, welche Dynastie herrschte. Zur Ch'in Zeit (221-207 v. Chr.) seien sie an diesen Ort geflohen und hätten jede Verbindung mit der Außenwelt verloren. Für sie war die Zeit in ihrer kleinen heilen Welt stehengeblieben. Als der Fischer sie verließ, baten sie darum, der Außenwelt keine Kunde von ihrer Begegnung zu geben. Der Fischer freilich markierte den Rückweg, da er mit behördlicher Hilfe wiederkommen wollte. Vergebens. Man fand den Weg nicht mehr.[8]

Für dieses Erlebnis, die Entdeckung von Welten jenseits dieser profanen Welt, gibt es in der taoistischen Literatur ungemein viele Parallelbeispiele.[9] In vielen Fällen liegt eine spezifische Motivation zugrunde, die mit der Suche nach den Künsten der Unsterblichen, nach geheimen Medizinen, Methoden und Offenbarungen zusammenhängt. In diesen Fällen ist eine direkte Bezugnahme zum *Tao-te ching* kaum nachzuweisen. Die Ähnlichkeit liegt vor allem in der Idee von einer besseren Welt jenseits von Raum und Zeit unserer Wirklichkeit. Es ist bezeichnend, daß dieses Modell einer idealisierten Vergangenheit Chinas verhaftet ist. Bei T'ao Ch'ien fehlen die angesprochenen Motive der taoistischen Autoren. Die Grundidee aber verbindet indirekt T'ao Ch'iens Bericht mit dem Buch *Tao-te ching*. Solche Vorstellungen waren zu seiner Zeit freilich auch durch buddhistische Texte, die vom »Paradies des Westens« berichteten, verbreitet. Diese indirekte Art, in der im *Lao-tzu* ein passender Bezug möglich erscheint, ist symptomatisch für viele Aussagen und Ideen, die zum Gut der chinesischen Philosophie gehören.[10]

Trotz dieser offenkundigen Weite der Tradition ist der Einflußbereich des *Lao-tzu* in manchen Punkten doch sehr scharf zu bestimmen, wie ein Blick in die Geistesgeschichte der Han Zeit lehrt. Taoismus war damals mit dem Begriff der Huang-lao-Lehre verquickt. Dieser Name verweist auf Intellektuelle und Literaten, die von den Lehren des Huang-ti (»Der Gelbe Gottkaiser«) und Lao-tzu bzw. ihrer Verbindung (»Huang-lao«) eingenommen waren. Hat der Konfuzianismus auch die staatliche Sphäre bestimmt, im Bereich des Emotionalen, Religiösen und Spirituellen war die Bedeutung der Huang-lao-Lehre gewaltig. Eines der wichtigsten uns erhaltenen literarischen Zeugnisse ist das bereits erwähnte Buch *Huai-nan tzu.*

Während »Lao-tzu« sowohl die Person des »Alten Meisters« wie auch seine Schrift *Tao-te ching* bezeichnet, steht Huang-ti für eine Gestirnsgottheit. Mit der Farbbezeichnung »Gelb« deutet der Name auf eine göttliche Potenz, die sich mit »der Mitte« und »der Erde« verbindet, gesehen im Kontext der »Fünf-Elemente«-Lehre. Zur ausgehenden Chou Zeit gilt Huang-ti auch als Urheber von medizinischen oder heilkundlichen Schriften. Die Verbindung dieser Gottheit mit anderen Namen aus dem chinesischen Pantheon soll nicht Thema sein. Wichtig ist, daß das Stichwort »Huang-lao« eine weit verbreitete und vielseitige religiöse Vorstellungswelt bezeichnet, in der Lao-tzu neben Huang-ti einen festen Platz einnahm. Hier verbanden sich meditative

Methoden der Selbstkultivierung mit religiösen und medizinischen Konzepten.

In späteren Überlieferungen erscheint Lao-chün (als »Kuang-ch'eng tzu«) als Lehrmeister Huang-tis, der von Lao-chün Auskunft über »das höchste Tao« und über die »Kontrolle des Leibes« erhalten will. Auch hier stehen Ansätze im Vordergrund, die interpretativ auf Aphorismen aus dem *Tao-te ching* zurückgeführt werden. Es geht um das »Erfassen der inneren spirituellen Kräfte«, um die »Bewahrung innerer Ruhe«, was sich leicht mit Moralvorstellungen und praktischen Anweisungen verbindet. Diese erscheinen dann in der taoistischen Literatur ebenfalls als Offenbarungen Lao-chüns.

Selbstkontrolle, die Kontrolle des Leibes, gilt als Voraussetzung für eine harmonische und dauerhafte Kontrolle des Reiches bzw. der Regierung. Es ist deutlich, wie diese Vorstellungen nach zwei Seiten hin wirken. Das Individuum (der Kaiser oder Herrscher) und die Wahrung einer quietistischen Ordnung in Reich und Welt unterliegen eben den Prinzipien, für die Lao-tzus Lehre steht. Besonders die mit dem Namen Ho-shang kung verbundene Interpretation muß in diesem Sinne beachtet werden.[11]

Im Kommentar des Ho-shang kung finden sich Aussagen zur Kultivierung der Physis des Menschen (Selbstkultivierung) unter den Stichworten »Atemtechnik«, »Ernährung« und »Lebensverlängerung«. Praktische, technische Details enthalten freilich weder das *Tao-te ching* noch dieser Kommentar. Ausschlaggebend ist der Umstand, daß die genannten Ausführungen parallel zu quantitativ gewichtigen Einlassungen über »die Beziehung Herrscher – Untertan«, »Regierungskunst« und »Krieg/Waffen« gesetzt sind.

Ein weiteres Element ist die kritische Bewertung ideeller Werte, bekannt als »Konfuzianische Tugenden«. Offensichtlich erscheinen sie als Ausdruck einer historisch zunehmenden Entfernung des Menschen und seiner Gesellschaft von Tao. Auch die legendären Kulturheroen spielen eine nicht unwesentliche Rolle. Die Rückkehr zur »Wurzel« und das Zurück zur Einfachheit, ausgedrückt in der Ablehnung einer manierierten Literatenkultur, stehen im Vordergrund. Literatenkultur hat eben hinter jene Phase der Menschheit, in der die »Knotenschrift« genügte, zurückzutreten. Mit diesen Aussagen finden sich immer wieder religiöse und philosophische Aspekte verwoben, so Vorstellungen von essentiellen Gegensätzen und ihrer Aufhebung im Extrempunkt oder vom »Himmel« als handelnder (z.B. zürnender) Potenz.

Taoistische Vorstellungen gemäß dem *Tao-te ching*, Methoden der Selbstkultivierung, die Sphäre der Gestirnsgottheiten, die im religiösen Taoismus späterer Epochen äußerst bedeutend sein sollte, religiöse und medizinische Konzepte und Einsichten, all das zusammen bildet den Hintergrund für die Formierung des religiösen Taoismus durch Chang Tao-ling (um 154 n. Chr) in der Provinz Szechwan. »Lord Lao« (Lao-chün) soll bei der Initiierung Chang Tao-lings die entscheidende Rolle gespielt haben.[13]

In der Vorstellung der modernen Wissenschaft löst der Name *Lao-tzu* (*Tao-te ching*) wesentlich zwei Interpretationslinien aus. Eine liegt im Bereich der schöngeistigen und exegetischen (bzw. »philosophischen«) Literatur, eine weitere im Bereich der Religion. Beide Linien verlaufen parallel. Sie haben sich auch immer wieder verbunden, im Schaffen und Leben einzelner Exegeten, Literaten und Taoisten.

# 3. Lao-tzu und sein Wirken im religiösen Taoismus

In meinen Ausführungen zur chinesischen Philosophiegeschichte habe ich von der Huang-lao Schule der Han Zeit gesprochen. Dieses Stichwort bezeichnet gewissermaßen ein Scharnier, das literarische Überlieferungen aus dem Bereich der politischen und philosophischen Theorie mit dem Phänomen »Religion« verbindet.

Zur Vergöttlichung Lao-tzus zur Han Zeit liegt die detaillierte Studie von A.K. Seidel vor, auf die verschiedentlich schon verwiesen wurde. In dieser Arbeit werden die entscheidenden Texte der Han Zeit und der nachfolgenden Epochen (bis zum 5. Jh. n. Chr.) präsentiert und analysiert. Die *Schrift von den Mutationen Lao-tzus* (*Lao-tzu pien-hua ching*), die vermutlich Ende Han (2./3. Jh.) entstanden ist, hat herausragende Bedeutung für die Gesamtheit der taoistischen religiösen Traditionen, über den zeitlichen Rahmen der dokumentierten Vergöttlichung Lao-tzus hinaus.[1]

Ein religiöses Moment sehe ich generell in der Vorstellung der Allgegenwart seiner Göttlichkeit wie auch in der Möglichkeit, diese für den Menschen zu nutzen. Voraussetzung ist freilich die Würdigkeit des Betreffenden. Als die Herrscher der Chou, um ein Beispiel zu nennen, der Gesellschaft und Dienste Lao-tzus nicht mehr würdig waren, verließ Lao-tzu ihren Machtbereich, um China zu verlassen und »nach Westen« zu reisen. Nun, dieser Lao-tzu, der Autor des *Tao-te ching* (*Lao-tzu*), ist laut *Lao-tzu pien-hua ching* als »Archivar der Chou« nur eine der späteren Erscheinungen der Gottheit, die dem europäischen Leser freilich nur als Li Erh bekannt ist. Die Schrift von den »Mutationen Lao-tzus« listet die vielen Metamorphosen oder Inkarnationen Lao-tzus auf. Sie waren individuelle Erscheinungen mit entsprechend unterschiedlichen Personennamen oder Bezeichnungen wie etwa »Meister Kuang-ch'eng«.[2]

Lao-tzu soll demnach zur Epoche des Großen Yü der (semilegendären) Hsia Zeit (2205-1818 v. Chr.), also vor der Chou Zeit, den Namen Li Erh getragen haben. Er wird als »Lehrmeister des Yü« bezeichnet. Zur Zeit der Chou dann, etwa unter König Wen, habe er den Namen »Staatsarchivar der alten Könige« gehabt. In der Epoche der Han sei er dann als »Wang Fang-p'ing« bekannt gewesen.[3]

Zwischen und nach den angeführten drei Beispielen liegen viele andere Inkarnationen Lao-tzus, die nicht genau genannt sein sollen. Entscheidend ist, daß Lao-tzu immer wieder, zumeist aber verdeckt und unter anderem Namen – nur dem Eingeweihten, Würdigen erkennbar – in Erscheinung tritt. Er fungiert dann als Lehrmeister und wirkt auf diese Weise kontinuierlich positiv auf die Welt ein.

Lao-tzu übernimmt wiederholt die Rolle des spirituellen Initiators und Ratgebers. Er steht dadurch immer wieder am Anfang neuer Traditionslinien, bezogen auf Instruktionen, Lehrmeinungen und Texte, die er den Würdigen (Taoisten) offenbart. Diese Verhältnisse werden mit der historischen Formierung und Organisation des religiösen Taoismus im 2. Jahrhundert nach unserer Zeitrechnung greifbar.

Im religiösen Taoismus seit der ausgehenden Han Zeit, genannt »Taoismus der Orthodoxie und Einheit« (oder: »Himmelsmeister-Taoismus«), der von den taoistischen Priestern (»Meister des Tao«) getragen wird, entwickelt sich diese Konzept weiter. In den Jahrhunderten nach der Gründung dieser Organisation verleihen weitere Offenbarungen Lao-tzus immer wieder sowohl eine spirituelle Legitimation, wie auch implizit den Auftrag, praktische Verantwortung gegenüber Staat und Gesellschaft wahrzunehmen. Diese Verantwortung manifestiert sich u. a. in religiösen (liturgischen) Dienstleistungen für Einzelpersonen, Volk und Kaiserhof.[4]

Im Sinne der Philosophiegeschichte können wir keine Lehrer-Schüler-Affiliation um Lao-tzu behaupten, anders als bei den weltlichen Gelehrten Chinas. Die taoistische Religion repräsentiert aber eine Vielzahl von religiös verstandenen Lehrer- (oder Initiator-) Schüler-Beziehungen. Ihr Ausgangspunkt wird jeweils auf Lao-tzu zurückgeführt. Die Initiation Chang Tao-lings, des Gründers des religiösen »Himmelsmeister«-Taoismus, sei angeführt.

»Der Himmelsmeister Chang heißt Tao-ling und kommt aus P'ei. Er wohnte am Berg Ho-ming in Shu [i.e. Szechwan]. Zur Zeit des Kaisers Shun, im Sommer des Jahres 143 [n. Chr.] geschah es, daß wohl zwei Boten mit diesen Worten zu ihm herniederkamen: ›T'ai-shang Lao-chün ist da‹. T'ai-shang sagte zu Tao-ling: ›Sie haben in Ihrem früheren Leben dem Tao der Unsterblichen entsprochen. Die Dämonen der sechs Himmel schaden den Menschen. Ich übergebe Ihnen das Schwert, das üble Geister vernichtet, das wichtige Amt der Führung in den religiösen Diensten und die Methoden der erleuchtenden Einwirkung der Orthodoxie und Einheit. Ich tue dies, damit Sie für mich die üblen, mörderischen Dämonen fortfegen und wiederum diese Methoden der Bekehrung des Volkes einsetzen‹. Als seine Worte ausgesprochen waren, kehrte T'ai-shang zurück in den freien Raum und entschwand.«[5]

Dieser Text enthält Eckdaten zur Funktion Lao-tzus in der Geschichte des religiösen Taoismus. Chang Tao-ling ist seit seiner Initiation das ideelle Oberhaupt der taoistischen Priester, die den Beruf eines Liturgiespezialisten ausüben. Als Exorzisten und

Wunderheiler, Wahrsager und Literaten hatten sie in allen Kreisen der Gesellschaft, mit geschichtlich bedingten Unterschieden, Einfluß, Macht und Ansehen.[6]

Zur Initiation Chang Tao-lings durch Lao-tzu und zur Einrichtung des »Himmelsmeister«-Taoismus ist zu ergänzen, daß aus dieser Sphäre im 2. Jahrhundert nach unserer Zeitrechnung auch ein Kommentar, *Tao-te ching hsiang-erh chu*, entstand. Der Text liegt nur noch fragmentarisch vor. Lao-tzu wird zu Beginn des Kommentars zu Kapitel 10 einmal erwähnt, und zwar als Gottheit T'ai-shang Lao-chün (»Der Allererhabenste Lord Lao«). Der Text gibt ein komplexes Konzept der essentiellen Union Lao-tzus mit Tao. Hieraus lassen sich Verhaltensregeln zur »Wahrung des Einen« ableiten. Und darum geht es allein! Die entsprechende Passage hat M. Kaltenmark übersetzt:

»L'Un, c'est le Tao ... L'Un, quand il est dispersé, est le Souffle; quand il est ramassé, il est le T'ai-chang Lao-kiun. Sa résidence est le K'ouen-louen. Qu'on parle du Vide ou de la Spontanéité naturelle, ou du Sans-nom, c'est toujours la même Unité. Maintenant, il [le Lao-kiun] promulgue les prescriptions du Tao et enseigne aux hommes qu'ils doivent les observer scrupuleusement: c'est ce que signifie ›garder l'Un‹. Si l'on ne se conduit pas conformément à ces préceptes, on perd l'Un«.[7]

Diese Passage zeigt das konzeptionelle Pendant zur oben genannten historisch-realen Initiierung Chang Tao-lings. Diese Berufs-Taoisten waren primär in ihre lokalen Gemeinwesen und deren Kultbetrieb eingebunden. Andererseits hatten sie gelegentlich auch intensiven Zugang zu höfischen Kreisen bis hin zu den Kaisern selbst. Sie vertraten dort wie auf dem Lande draußen wesentlich dieselben Inhalte, deren Legitimation auf einen Weisen, Heiligen und Gott aus den Urzeiten der chinesischen Kultur zurückgeführt wurde, auf »Lord Lao« (T'ai-shang Lao-chün).

Taoistische Tempel und Klöster breiteten sich mit amtlicher und kaiserlicher Patronage im Land aus, vor allem an Orten die in der religiösen Geographie Chinas einen besonderen Rang einnahmen. Hier seien die »berühmten Berge« Chinas, die »Amtssitze« der Himmelsmeister, die »Grottenhimmel« und »Glücksorte« genannt, die wie ein Netz das Land umfaßten.[8] All das stand direkt oder indirekt unter der spirituellen Ägide Lao-chüns. Die Taoisten haben dies selbst immer wieder in das öffentliche Bewußtsein gerückt, vor allem durch Berichte von Erscheinungen und Äußerungen Lao-tzus (oder Lao-chüns) gegenüber würdigen Empfängern, im Sinne meiner voranstehenden Ausführungen zur Allgegenwart der Gottheit.

Die Diffusion taoistischer Traditionen war nicht ohne Konkurrenz, speziell durch den Buddhismus. Konkurrenz entstand um Einfluß am Hof und die damit verbundenen Vorteile, um Liegenschaften und wirtschaftliche Privilegien (z.B. Steuerfreiheit). In Disputationen am Kaiserhof zwischen Konfuzianern, Taoisten und Buddhisten standen zumeist jene Inhalte zur Diskussion, die mit der taoistischen Religion und ihren Ansprüchen, speziell mit den angeblich übernatürlichen Fähigkeiten der Taoisten, zusammenhingen.

Von Kritik und Herabsetzung ausgenommen war in der Regel die Person Lao-tzus und sein *Tao-te ching*. Lao-tzu war allseits, auch von den Buddhisten, als großer Weiser anerkannt. In diesem Kontext kam dem *Tao-te ching* also eine Ausnahmeposition zu. Als beispielsweise die Taoisten im berühmten Religionsstreit den Buddhisten im Schiedsgericht vor den Mongolenkhanen (Yüan Dynastie, 1271-1368) unterlagen und ihre Schriften als wertlos vernichtet werden sollten, wurde das *Tao-te ching* ausgenommen.[9]

Der Religionsstreit zwischen Buddhisten und Taoisten im 13. Jahrhundert geht auf jahrhundertealte Traditionen zurück, die sich in China, trotz aller Ächtung, bis in die Neuzeit gehalten haben. Sie bestehen weiter in popularisierenden Fortführungen von Inhalten aus den Schriften über die »Mutationen Lao-tzus« (*Lao-tzu pien-hua ching*) und die »Bekehrung der Barbaren« (*Lao-tzu hua-hu ching*). In diesen für die Legende grundlegenden Schriften wird, wie erinnerlich, gesagt, Lao-tzu habe China »nach Westen hin« verlassen, habe als »Buddha« die »Barbaren des Westens« bekehrt und mit dem Buddhismus ein ihnen angemessenes Lehrsystem geschaffen.

Die entsprechende Schrift von den *Einundachtzig Inkarnationen und Wirkungen Lao-chüns in Schrift und Bild* (*Lao-chün pa-shih-i hua t'u-shuo*) wurde zur Yüan Zeit in illustrierten Fassungen verbreitet. Der oben angeführte Text zur Initiierung Chang Tao-lings ist diesem Propagandatext entnommen. Hier erscheinen in verschiedenen Abschnitten Lao-tzu und sein Schüler Yin Hsi, der ehemalige Paßwächter und Empfänger des *Tao-te ching*, als Buddha.[10] Kein Wunder, daß sich die Buddhisten heftig zur Wehr setzten, nachdem diese Schrift im 13. Jahrhundert von Taoisten am Mongolenhof lanciert worden war, zur Absicherung materieller, politischer und ideeller Vorteile.[11]

Für das *Tao-te ching* (*Lao-tzu*) und seinen mutmaßlichen Autor ergeben sich aus dem Werk *Lao-chün pa-shih-i hua t'u-shuo* weitere Aspekte. Lao-chün ist demnach bis in das Jahr 1089 (Sung Zeit) hinein mit Erscheinungen und praktischen Einwirkungen ein kontinuierliches Thema »für die Welt«. Solche Erscheinungen ereignen sich vorzugsweise vor Kaisern, eventuell in Traumvisionen, oder vor Beamten und Emissären, was gehäuft für die T'ang Zeit (618-907) verzeichnet wird. Die T'ang Kaiser hießen mit Zunamen Li und sahen in Lao-tzu den Ahnherren ihrer Linie.

Lao-chün hat auch mit der Initiierung des Taoisten K'ou Ch'ien-chih (415) als »Himmelsmeister« in der späteren Wei Zeit in Nord-China eine neue Patriarchenlinie für einen reformierten

Taoismus eröffnet, der in der staatlichen Sphäre einflußreich war. K'ou Ch'ien-chih hatte Zugang zum Kaiser, den er sogar mit taoistischen »Talismanen und Registern« ausstatten konnte. War diese Himmelsmeister-Initiation auch ohne organisatorische Langzeitwirkung, der Vorgang belegt die Flexibilität und freie Entwicklungsmöglichkeit des religiösen Taoismus, der keine dogmatische Kirchenorganisation kennt.[12]

Das Buch *Tao-te ching* stellt jedenfalls nur einen, wenn auch gewichtigen Posten unter den Traditionen um Lao-chün dar. »Wirkung 23« in *Lao-chün pa-shih-i hua t'u-shuo* spricht von der Abfassung des Buches *Tao-te ching* für Yin Hsi; »Wirkung 54« erzählt, wie der Han-Kaiser Wen sich am Ufer des Huang-ho von T'ai-shang Lao-chün die »Schrift in 5000 Worten« (*Tao-te ching*) erklären läßt.[13]

Ohne daß die Bedeutung der Enthüllung des *Tao-te ching* durch Lao-tzu (Lao-chün) geschmälert sei, muß betont werden, daß das Werk *Lao-chün pa-shih-i hua t'u-shuo* von zahlreichen anderen Textoffenbarungen durch Lao-chün berichtet. Es handelt sich um Texte aus dem Literaturschatz des religiösen Taoismus, die sich heute noch im taoistischen Kanon (*Tao-tsang*) befinden. Die jeweiligen Zuschreibungen »Lao-chün« sind religiöse Imagination. Andererseits werden im Buch über die *Einundachtzig Inkarnationen und Wirkungen Lao-chüns* auch buddhistische Texte genannt, die Lao-chün zugunsten der »Barbaren« (des Westens) dargelegt bzw. offenbart haben soll. Dies begründet hier die Theorie von der »Bekehrung der Barbaren des Westens«, neben der »Buddha-Inkarnation« Lao-tzus.[14] Die spirituelle Affiliation des Lao-chün umfaßt die Kernbereiche der Religiosität im fernöstlichen Raum überhaupt, denn auch der Manichäismus wird in dieser Propagandaschrift auf Lao-chün zurückgeführt.[15]

Der Bericht über die Inkarnationen Lao-chüns greift weit in die Vergangenheit zurück, weit über den zeitlichen Bezug zur

Frühgeschichte Chinas hinaus. Lao-chün erscheint in *Lao-chün pa-shih-i hua t'u-shuo* als Urgrund der Genese des Kosmos, als Schöpfergottheit und Seinsgrund selbst. Sämtliche Zivilisationsleistungen auf der nächsten Entwicklungsstufe der Welt werden als Erfindungen bzw. Lehrmitteilungen Lao-chüns an die bekannten Kulturheroen der legendären Frühgeschichte vorgeführt, die sie praktisch realisierten.[16] Die Rolle der Person Lao-tzus, bzw. der Gottheit T'ai-shang Lao-chün, ist im religiösen Taoismus von zentraler Bedeutung. Die Schrift *Tao-te ching* verbindet die Sphären der religiösen und philosophischen Inhalte oder Werte.

Wir bedenken, daß die genannten Traditionen in allen gesellschaftlichen Schichten und Kreisen bekannt waren. Die Inkarnationen und Wirkungen Lao-chüns waren Thema in Bildergeschichten auf Tempelwänden und in Büchern, deren Verbreitung für religiös verdienstvoll gehalten wurde. Die Verbindung Lao-tzus mit solch vielseitig schillernden Inhalten einerseits und mit einem auch in der konfuzianischen Sphäre anerkannten Dokument chinesischer Weisheit andererseits, dem Buch des »alten Meisters« (*Tao-te ching*), ist von spezifischer Aussagekraft. Wir erkennen die genuine Verquickung von populärer und offizieller, religiöser und profaner Kultur in China.

# 4. Das Buch Tao-te ching und Lao-tzu in der T'ang Zeit (618-907)

Die T'ang Zeit stellt in der chinesischen Religionsgeschichte in vielerlei Hinsicht einen Höhepunkt dar. Buddhismus und Taoismus fanden als religiöse Organisationen, mit Liegenschaften, Tempeln und einer großen Gefolgschaft an Ordinierten und Laien, in allen gesellschaftlichen Schichten Einfluß und regen Zuspruch. Die Tempelanlagen mit ihrem ökonomischen Besitz, der dem Zugriff des Fiskus entzogen war, stellten einen immer gewichtigeren wirtschaftlichen Faktor dar, der schließlich 844/45 zu staatlichen Eingriffen, zu Laisierungen und Konfiszierungen, führen mußte.[1]

Grundsätzlich gilt, daß die Taoisten in der T'ang Zeit ihre religiöse Praxis konsolidierten und in herausragender Weise Einfluß gewannen. In der Sphäre des Hofes verkehrten Taoisten in großer Zahl. Eingaben und umfassende Enzyklopädien belegen die gelehrten taoistischen Aktivitäten zur T'ang Zeit, an denen auch vor allem Kaiser Hsüan-tsung (712-756) mit eigenen Beiträgen aktiven Anteil hatte. Hsüan-tsung ließ die taoistischen Schriften sammeln, revidieren und zu einem Kanon (*I-ch'ieh tao-ching*) zusammenstellen. Er selbst verfaßte Kommentarwerke zum *Tao-te ching*. Im Jahr 749 ordnete er an, daß die Sammlung *I-ch'ieh tao-ching* im ganzen Land durch Kopien zugänglich gemacht werden sollte.[2]

Zur öffentlichen Sphäre des T'ang Staates sei erwähnt, daß die Taoisten durch ausgewiesene Repräsentanten aus den eigenen Reihen mit der bürokratischen Verwaltung ihrer Religion im

Sinne der staatlichen Ordnung und Konformität befaßt wurden, eine Praxis, die auch in späteren Dynastien geübt wurde.[3]

Auf der Ebene des Volkes und der ländlichen Gemeinden hatten es die Taoisten verstanden, argumentierend mit Konzepten ihrer religiösen Geographie, örtliche Kulte unter ihre Ägide zu bringen. Selbstverständlich waren diese Konzepte am Hof, etwa durch den taoistischen Gelehrten Ssu-ma Ch'eng-chen (1. Hälfte des 8. Jh.), bekannt und die Vorgehensweise der Taoisten vor Ort entsprechend legitimiert. »Grottenhimmel« und »Glücksorte« überzogen China wie ein Netz, was ein bedeutender Text, *Tung-t'ien fu-ti yüeh-tu ming-shan chi*, belegt.[4] Hier war es möglich, mit »Vollkommenen Adepten« zu verkehren, mit den Gottheiten und Vermittlern zu Himmelssphären. An diesen Orten konnten auch reich ausgestattete »Gebetstäfelchen« an die Elemente (Berge, Gewässer) ausgesetzt werden, zur Weiterleitung an die Gottheiten. Dies waren Kultformen, an denen der Kaiserhof mit erheblichem materiellen Aufwand teilnahm.[5]

An solchen Orten entstanden – zumeist unter direkter kaiserlicher Patronage – große Tempelanlagen, in denen auch für das Wohl des Reiches gebetet wurde. Durch diese Einrichtungen, deren Ausstattung beispielsweise mit Kultbildern teils vom Hof gestellt wurde, war der Kaiser vor Ort präsent. Natürlich gab es auch zu anderen Zeiten in China solche oder ähnliche Verhältnisse. In der T'ang Zeit aber verzeichnen wir eine besondere Intensität derartiger Aktivitäten, die eben nicht nur die großen Taoisten, wie etwa Ssu-ma Ch'eng-chen, trugen. Auf breiter Basis haben Laien, Lokalverwaltungen und höfische Kreise zur Blüte des Taoismus beigetragen. In diesem Sinne verweise ich auch auf die Hofdamen und Prinzessinnen, die sich als Taoistinnen ordinieren ließen und so einen anderen als den ursprünglich vorgezeichneten Lebensweg suchten.[6]

Wie schon erwähnt, sahen die T'ang Kaiser in Lao-chün ihren

Urahn, was ihm im staatlichen Ahnenkult des Kaiserhauses einen ersten Platz sicherte. Allein aus diesem Moment heraus ergab sich für den Taoismus im allgemeinen und folglich auch für die Schrift *Tao-te ching* eine besondere Rolle.

Der relativ späte propagandistische Bericht von den *Einundachtzig Inkarnationen und Wirkungen* Lao-chüns berichtet für die T'ang Zeit in den Abschnitten 65 bis 80, von wenigen Ausnahmen abgesehen, von Erscheinungen Lao-chüns vor Boten, Beamten und Emissären. Lao-chün läßt sie seine eigenen Kultfiguren finden oder magisch entstehen. Die Gottheit erscheint in purpurnen Wolken über Altarstätten und Pavillons, als Reaktion auf Opfer oder andere Aktivitäten des Kaiserhauses. Selbst die signifikante Aktion der Einsetzung einer neuen Herrschaftsdevise konnte durch Lao-chün erwirkt werden.

»Im Jahr 742 träumte der Kaiser [Hsüan-tsung], daß T'ai-shang Lao-chün ihn anspreche: ›Ich bin schon lange an einer Stelle südwestlich der Hauptstadt. Ich sollte mit Ihnen im Hsing-ch'ing Palast zusammentreffen!‹ Der Kaiser entsandte den Taoistischen Priester Hsiao Yüan-yü mit einem kaiserlichen Boten. Auf ihrer Suche kamen sie zum Mehrstöckigen Belvedere. Im Bergtal dort, unter weißglänzendem Strahlen fanden sie eine Jade-Statue Lao-chüns [...], die sie dem Kaiser präsentierten. An diesem Tag hielt sich der Kaiser im Hsing-ch'ing Palast auf. Tief sich verneigend nahm er sie in Empfang. So entsprach dieses Geschehnis den Worten Lao-chüns von einer Begegnung im Hsing-ch'ing Palast.«[7]

»Im Jahr 741 der T'ang Dynastie sah der Kommandeur Yüeh T'ung-hsiu [...] Lao-chün, der auf einem weißen Pferd saß, begleitet von zwei Dienern. Er sagte: ›An jenem Tag, als ich im Westen zusammen mit Yin Hsi in die Gegend der driftenden Wüstendünen ging, verbarg ich eine ›Gold-Kassette‹ an der alten Stelle des Han-Passes!‹ Yüeh T'ung-hsiu sucht sie zu finden und erlangte bei Grabungen eine Steinkassette. Auf ihr fanden sich die sechs Schriftzeichen: ›Magischer Talisman der tausendjährigen Devise T'ien-pao‹. In ihr drinnen war der ›Magische Talisman der Gold-Kassette‹.«[8]

»T'ien-pao« wurde folglich von Kaiser Hsüan-tsung als Regierungsdevise (742-756) eingesetzt. Diese Informationen stammen natürlich ursprünglich aus Werken offizieller taoistischer Historiographen, wie zum Beispiel aus Tu Kuang-t'ings (580-933) *Li-tai ch'ung-tao chi* (*Bericht von der Verehrung des Taoismus durch die Zeiten*).[9] Es sei erwähnt, daß manche dieser Überlieferungen auch von der offiziellen, sehr selektiven Geschichtsschreibung aufgenommen wurden, wie etwa der oben zitierte Bericht vom Fund des Kultbilds Lao-tzus nahe jenem Ort, an dem das *Tao-te ching* verfaßt worden sein soll. Zu nennen sind exemplarisch die sungzeitlichen (11. Jh.) Werke *T'ang-chien* (*Spiegel der T'ang*) und *Tzu-chih t'ung-chien* (*Durchgehender Spiegel zur Anwendung bei der Regierung*), wobei der *Spiegel der T'ang* schwere Kritik übt. Kaiser Hsüan-tsung habe sich von Scharlatanen verblenden lassen, seinen Geist von den eigentlichen Aufgaben der Regierung ablenken lassen und folglich das (T'ang) Reich ruiniert. Solche Vorwürfe werden erhoben (1086), um den Sung Kaiser Che-tsung (1086-1100) bei seiner Thronbesteigung richtig zu instruieren, mit einem historisch-moralischen »Spiegel«.[10] Doch zurück zur T'ang Zeit.

Der kaiserlichen Anteilnahme und partiellen Identifikation mit taoistischen Belangen entspricht, daß im Jahr 666 Lao-tzu den Titel »T'ai-shang hsüan-yüan huang-ti« (»Hehrer Kaiser des allerhöchsten Uranfangs«) erhielt, der später noch erweitert wurde.[11] Die Schrift *Tao-te ching* wurde 742, im ersten Jahr der Devise »T'ien-pao«, als »Klassiker« zum Prüfungsstoff für die Staatsexamina bestimmt.[12] So geht die Verehrung Lao-chüns als Gott-Ahn mit einer Aufwertung seiner Schrift im Rahmen des staatlich-bürokratischen Wertesystems einher. Lao-chün und sein *Tao-te ching* erfuhren in der T'ang Zeit außerordentliche Beachtung und Würdigung, die wesentlich von der Gunst der Zeit und den Präferenzen des Herrscherhauses abhingen.

Wie wechselhaft die Geschicke der Verehrung Lao-chüns sein konnten, zeigt das Interregnum der Kaiserin Wu Tse-t'ien, die eine kurzlebige »Chou Dynastie« (684-704) einrichtete. Sie gewährte explizit dem Buddhismus den Vorrang vor dem Taoismus.[13]

Das *Tao-te ching* war nur kurz Prüfungsstoff für Staatsprüfungen. Lao-chün aber blieb als Gottheit im chinesischen Kultwesen ein bedeutender Name, der sich mit einer allgemein zugänglichen Schrift verband. Sie wurde von der Gemeinschaft der chinesischen Intellektuellen als Kulturerbe hochgeschätzt, studiert und immer wieder kommentiert.

# Dritter Teil
# Aspekte der praktischen Anwendung des Tao-te ching (Lao-tzu)

# 1. Zusammenfassung zu praktischen Aussagen des Tao-te ching gemäß dem Kommentar Ho-shang kung

In meinen Ausführungen zur Behandlung des *Tao-te ching* in China wird deutlich, daß die Diffusion von Sentenzen, Meinungen und Einflüssen Lao-tzus im Bereich der Religion höchstes Gewicht hatte. Mit dieser Sphäre nun wird grundlegend der Kommentar Ho-shang kungs (vermutlich 2. Jh. v. Chr.) verbunden. Wir wissen, daß er zur Zeit der konkreten, organisatorischen Formierung des religiösen Taoismus in Szechwan durch Chang Tao-ling im 2. Jahrhundert nach unserer Zeitrechnung auch dieser neuen taoistischen Gruppe bekannt war. Etwa aus dieser Zeit stammt nämlich auch jener Kommentar zum *Tao-te ching*, genannt *Lao-tzu tao-ching hsiang-erh* (auch *Hsiang-erh chu*), der sowohl Lao-tzu als Gottheit »T'ai-shang Lao-chün« (Allererhabenster Lord Lao) ausweist, als auch inhaltliche Konzepte zu den Themen »Selbstkultivierung«, Tao und »das Eine bewahren« (shou-i) präsentiert, die für den religiösen Taoismus prägend wurden.

Diese Informationen wurden detailliert im Abschnitt »Lao-tzu und sein Wirken im Religiösen Taoismus« angesprochen. Dort kam freilich der kosmischen Stellung Lao-chüns besondere Beachtung zu, ein Aspekt, den wir hier nicht weiter verfolgen müssen. In den anderen soeben genannten Bereichen aber besteht Übereinstimmung in Sinn und Ansatz bei den mit *Ho-shang kung* und *Hsiang-erh* bezeichneten Kommentaren.[1]

Dies ist ein Beispiel dafür, daß die im religiösen Taoismus vertretenen Meinungen weit zurück in der Zeit vor der Zeitenwende gründen. Unter diesen Gesichtspunkten ist es lohnend und auch angemessen, den Kommentar *Ho-shang kung* genauer zu betrachten. Er transportiert für die religiöse Sphäre inhaltlich relevante Aussagen des *Tao-te ching*, die darüber hinaus im allgemeinen Wissensgut verankert wurden.

Es ist wichtig zu sehen, daß dieser Kommentar auch der weltlichen Sphäre von Staat und Herrschaft, in der die späteren Taoisten ebenfalls Einfluß haben sollten, sehr dezidiert Aufmerksamkeit schenkt. Die »Ordnung der Persönlichkeit (des Leibes)« und die »Ordnung des Staates« (chih-shen/chih-kuo) sind nicht nur parallel gelagert, sondern unentwirrbar miteinander verknüpft. Sie unterliegen denselben Gesetzmäßigkeiten. Eine rechte Ordnung des Staates gibt über den persönlichen Stand des Herrschers, über seine spirituelle wie physische Verfassung Auskunft. Ein Herrscher, der seinen Leib und Geist nicht im hier, freilich nur stichwortartig, angedeuteten Sinne ordnet, hat keine Chance, seine Herrscherposition zu bewahren und zum Wohle der Allgemeinheit zu wirken. Unter dieser Prämisse also wollen wir die beiden Themen »Selbstkultivierung« und »Herrschaft« getrennt betrachten. Ich betone, daß beide Themen im Kommentar Hoshang kung praktisch als Einheit gesehen werden. Auch sei vorweg bemerkt, daß die auf den Herrscher bezogenen Aussagen im späteren Taoismus für das einzelne Individuum und sein Persönlichkeit unabhängig von einer Position in Staat und Gesellschaft verbindlich wurden.

Die ursprünglich für den Herrscher reklamierten Möglichkeiten und Bedingungen eröffnen sich dann auch dem taoistischen Adepten, dem Priester wie dem Laien, der es sich leisten kann, in Zurückgezogenheit und Sorglosigkeit religiösen oder spirituellen Aspirationen nachzugehen.

Ich verzichte bei der Darstellung, die sich auf ausgewählte

Aspekte beschränken muß, auf eine Einteilung nach Abschnitten, verweise aber mit dem Zeichen /n/ auf die Abschnitte im Urtext, gemäß der Edition: Taoistischer Kanon Nr. 682, *Tao-te ching chu Ho-shang kung chang-chü.* Die nun folgenden Ausführungen sollen dem Leser eine inhaltliche Orientierung bieten, die ihn vielleicht motivieren kann, sich mit dem Thema *Lao-tzu* weiter zu befassen.

## 2. Selbstkultivierung und ihre Voraussetzungen

Die allgemeinen Begierden und Wünsche nach materiellen, äußerlichen Vorteilen, nach Rang und Status sind vollkommen aufzugeben. Nur so entsteht eine innere Bereitschaft, »Tao aufzunehmen«, »das Eine zu erfassen« und die »fünf spirituellen Kräfte zu bewahren«. Die geistige Verfassung, die von einer Freiheit von Wissen und Wollen bestimmt ist, ermöglicht die Rückkehr zur Reinheit und zum Einfachen. /3/

»Leere« wird als Voraussetzung für »spontanes Werden« verstanden. Die Leere, die durch die Abwesenheit von profanen Gefühlen, Wünschen und Oberflächlichkeiten entsteht, läßt die (Körper-) Gottheiten in den fünf Eingeweiden residieren. Dies geht mit der Bewahrung der »Feinessenzen« (ching) und der »vitalen Energien« (ch'i) – dem Odem – des menschlichen Körpers einher. /5/

Zum Konzept von den menschlichen Lebensbedingungen gehört die Vorstellung, daß die spirituelle Seele (hun) mit der Leber und die fleischliche Seele (p'o) mit der Lunge verbunden ist. Die »spirituellen Kräfte« (shen), die »Feinessenzen« (ching) und die »vitalen Energien« (ch'i) sind mit anderen Organen verknüpft. Dies wird in jenem Abschnitt ausgeführt, in dem der Satz vom »Talgeist« völlig uminterpretiert wird, indem das Wort »Tal« (ku) mit dem Wort »ernähren/pflegen« (yang) gedeutet wird. Der Text postuliert einen energetischen Austausch dieser oben genannten energetischen Elemente durch die Organe des Menschen mit dem Himmel. Nase und Mund sind die Tore, durch die der ursprüngliche Odem, der Himmel und Erde durchdringt und die belebende Kraft ausmacht, kommt und geht. /6/

Die beiden Seelen (hun und p'o) sind die Lebensgrundlage des Menschen. Freude, Haß und Furcht – Emotionen – gefährden diese Grundlage. Alkohol und andere Genüsse sind verderblich für die genannten Organe und damit für den Bestand des Lebens. Atemtechnik (die meditative Führung des Atems) wirkt bewahrend bezüglich des Odems und der Feinessenzen. Kurz, eine überlegte Körperpflege ist notwendig.

Der Text benützt ein berühmtes Emblem. Es gehe letztlich darum, einem Kleinkind zu gleichen: innen ohne Furcht, außen ohne Aktivitäten, welche die Lebensenergien vergeuden. So verbleiben dann die Körpergottheiten im Menschen, was oberste Priorität hat. Reinheit und Ruhe von Körper und Geist sind angestrebt bei der Pflege der Persönlichkeit. /10/

Eine Gefahr geht von den fünf Sinnesorganen aus. Sie können der substantiellen Essenz des Menschen Verluste zufügen. Die Körpergötter zerstreuen sich nämlich, wenn eine zu große Aktivität der Sinne herrscht. Andererseits vermögen es die Körpergötter, in die fünf Eingeweide wieder zurückzukehren, wenn diese entsprechend »leer« sind. /11,12/

Die innere Haltung des herausragenden Menschen, der Tao entspricht, wird von Vorsicht, Zurückhaltung, Einfachheit und Geschlossenheit geprägt. Er kümmert sich um die Feinessenzen seines Leibes und die Gottheiten. Emotionen und Begierden hat er aufgegeben und seine inneren Sphären vollkommen beruhigt. Dies bedeutet die »Rückkehr zur Wurzel«, die »Rückkehr zum Leben« – und nicht sterben. So vollzieht sich die Wiederherstellung der ursprünglichen Seinsgabe und Existenz mit der Pflege der vollkommenen Gegenwart der Körpergötter (Gottheiten). /15,16/

Selbstverständlich verträgt sich dies nicht mit Weisheit und Schläue, sondern verlangt nach dem »Handeln durch Nicht-Handeln«. Wer handelt, sollte sich nicht wie »Wirbelwind und Platzregen« verhalten, sonder vielmehr Tao gleichen, d. h. friedvoll und ruhig sein. Wer nach Macht giert, Ruhm und Verdienst sucht, der kann nicht lange beständig bleiben. Er wandelt nicht im Tao. /19,23,24/

Tao ist im eigenen Leib zu suchen, nirgends sonst. Nur wer für sich dieses ureigene Tao zugrunde legt, der kann »Einheit« bewahren, die Emotionen beruhigen, die Feinessenzen zurückhalten und seinen Geist konzentrieren. Wer folglich »einfach« bleibt oder wieder wird, »unten steht« in aller Bescheidenheit, der erhält dann die positive Wirkkraft (Te). Einfach und ohne angelerntes Wissen wird der Zustand eines Kleinkinds angestrebt, und zwar durch ein Leben in Zurückgezogenheit und ohne den Zwang sich darzustellen. Aus dieser Lebenshaltung heraus wird der Betreffende Modell für das ganze Reich (»was unter dem Himmel ist«). /27,28/

Das Reich gleicht einem »spirituellen Wesen«, ähnlich wie die Menschen: Sie wollen Frieden und Ruhe. Aus diesem Grund wird klar, daß die Menschen nicht mit Aktivitäten zu regieren sind. Aktivitäten wirken zerstörerisch. Der Heilige (der ideale Herrscher) flieht vor Extravaganzen und Luxus. Nur bei einem harmonischen Lebenswandel in Leere und Freiheit von Aktivitäten vermag es der Herrscher, das Reich den spontanen und natürlichen Wandlungsprozessen zu überantworten. Dies impliziert konsequent eine Abneigung gegenüber militärischer Gewalt. /29,30,35/

Die voranstehend zusammengefaßten Aussagen werden in den folgenden Abschnitten des Kommentars zum *Tao-te ching* vielfältig vertieft und wiederholt, eingebunden in neue Kontexte. Auch auf die Gefahr hin, tautologisch zu wirken, sollen wichtige Aussagen nochmals gebracht werden, wobei der neue Kontext möglichst berücksichtigt wird:

Alle Wesen führen ihre Genese letztlich auf Tao zurück. Aus »Eins« entstehen Yin und Yang, Himmel und Erde. Der Mensch schließt diesen Entwicklungszyklus ab und schöpft so aus dem alles durchdringenden Lebensodem, den er mit Himmel und Erde auszutauschen vermag. Nur Gewalttätige rebellieren gegen diesen Verbund, gegen Tao und Te. Sie folgen nicht den »Lehren der Alten«, den klassischen Doktrinen, sondern verwenden Gewalt. Solche Leute sterben keines natürlichen Todes, denn der Himmel verkürzt ihr Leben, sei es durch Waffengewalt oder durch Gesetze. Diese Leute sind, wie wir schließen, durch den Drang nach äußeren Vorteilen, nach Reichtum etc. in ihrem Leib und Sein selbst bedrängt. Besteht aber diese abträgliche Situation nicht, so ergibt sich auch keine Gefahr für die leibliche Existenz, weil die Körpergötter keinen Beunruhigungen ausgesetzt sind. /42,44/

Wer richtig Selbstkultivierung betreibt, der »pflegt seinen Körper mit [positivem] Yang-Odem«. Er weiß, daß von allen Defekten keine größer sind als das »Streben nach Gewinn« und Unzufriedenheit. Es sind die Sinne, die der Person nichts Schlechtes zustoßen lassen dürfen. /46,50/

Ein wichtiger Aspekt für die Pflege der Persönlichkeit verbindet sich mit dem Begriff der »Rückkehr zum Ursprung«. Auch hier gilt, daß die inneren Sphären des Menschen gegen alle schlechten Einflüsse von außen, welche durch die Sinne vermittelt werden könnten, abzuschotten sind. Man sollte vielmehr zum inneren Licht zurückfinden, nach innen schauend, in sich selbst durch meditative Innenschau die Gottheiten erfassen, die nicht verlorengehen dürfen. Das heißt »das ewige Tao praktizieren«.

Parallel hierzu ist das schon bekannte Bild des Kleinkinds zu sehen: Das Kleinkind kann selbst keinen Schaden anrichten und wird von den Gottheiten geschützt. Dieses Bild steht für den energetisch und spirituell vollkommenen Menschen, der seine natürlichen Lebensgaben nicht verausgabt hat und im vollen Besitz der göttlichen Repräsentanten seiner Lebensgaben ist.

Die Selbstkultivierung bewahrt also die Feinessenzen und den Odem im Körper. Sie hilft, das Tao des Himmels zu erreichen und positive Wirkkraft anzusammeln. Wer Tao im Leib bewahrt, pflegt seinen Odem und die Gottheiten in den fünf Eingeweiden. Das ist der Weg zum langen Leben! /52,55,59/

Der Umsichtige bewahrt und nährt die Feinessenzen und die spirituellen Kräfte, die Gottheiten im eigenen Leib. Er »orientiert sich am Himmel und folgt der Erde«. Wer sich gegenteilig verhält, also unmäßig ißt und trinkt, sich um Tao nicht kümmert, an Ausschweifungen und Lüsternes denkt und so seine Existenz gefährdet, die Körpergottheiten sich schließlich zerstreuen läßt – derjenige befindet sich auf äußerst verderblichen Abwegen. /72/

Zu all diesen Themen haben sich im Lauf der Geschichte umfangreiche Schriften und Schriftenzyklen entwickelt, die zumeist in der Schriftensammlung der Taoisten aus dem 15./16. Jahrhundert, im Taoistischen Kanon, tradiert werden. Wir bedenken, daß die im Kommentar *Ho-shang kungs* dem Herrscher, dem Heiligen und Edlen anempfohlene individuelle Kultur im religiösen Taoismus umgedeutet für das Niveau des taoistischen Adepten erhalten ist. Nur diese angestrebte körperliche und geistige Qualität ermöglicht es dem Priester (tao-shih), zu den Gottheiten »die klare Sicht« in Meditation und Gebet herzustellen, die Voraussetzung für eine effektive und wahrhaftige Durchführung liturgischer Dienstleistung ist.[1] In diesem Sinne handelt es sich also überhaupt nicht um philosophische Theorien, sondern um praktische Aussagen zur professionellen Realität des Priesters, die bis heute gelten.

Andererseits wissen wir, daß diese Ausführungen zur Selbstkultivierung in Verbindung mit den angedeuteten Informationen aus dem Taoistischen Kanon auch gelöst von diesem Berufsstand umgesetzt werden konnten. Das war eine Frage des Zugangs und Kontakts zu initiierten Zirkeln. Zudem ist zu berücksichtigen, daß Texte wie der Kommentar *Ho-shang kungs* zum *Tao-te ching* und ähnliche Werke den Intellektuellen Chinas bekannt und die dort gemachten Aussagen Allgemeingut waren. Sie stellten einen Teil der intellektuellen Ausstattung dar. Es gab ein Verständnis für die Richtigkeit einer naturnahen, spontanen und doch sehr geregelten Lebensweise, die übrigens viel zur Verbreitung und Achtung des Eremitentums in China beigetragen hat. Mit Sicherheit wurde dies immer wieder durch politische Umbrüche gefördert, die einen Rückzug aus Amt und Würde angeraten erscheinen ließen. Auch sollte hier der Einfluß der buddhistischen Kultur mit ihrem Monastizismus nicht vergessen werden. In dieser besonderen Lebensform waren jedenfalls potentiell »Heiligkeit« und »Unsterblichkeit« angelegt. Heiligenbiographien bzw. Biographien hervorragender Taoisten belegen dies in reichem Übermaß.[2]

# 3. Der Herrscher und die Kunst des Regierens

Die voranstehenden Ausführungen zur persönlichen Kultur des einzelnen betreffen zunächst natürlich den Herrscher. In der angedeuteten Selbstkultivierung liegt eine menschliche Qualität, ohne die Ho-shang kungs Aussagen zu Herrschaft und Regierung nicht denkbar wären.

Die Regierung von Volk und Land soll grundsätzlich mittels »Handeln durch Nicht-Handeln« erfolgen. Wer das Volk befrieden will, hat Verdienst und Ruhm als persönliche Motivation auszuschalten. Die eigene Vorbildhaftigkeit ist zwingende Norm, denn die persönliche Kultur wie die Regierungskultur sind gleichgewichtig: Ohne Wissen und Wollen, in der Rückkehr zum Reinen und Einfachen werden Ordnung und Regierung erwirkt. Hier ist kein Platz für billige Anbiederung zwischen Herrscher und Ministern, für vordergründige Vorteilsuche bzw. -nahme. Das Verhalten des Heiligen gegenüber dem Volk folgt dem Modell des Verhältnisses von Himmel und Erde zu allen Kreaturen. Himmel und Erde haben sie erschaffen, doch erwarten sie keinen Dank. Auch der Herrscher erwartet keinen solchen. /5/

Ruhe, Freiheit von allem Streben, Bescheidenheit — kein Egoismus — das ist das Verhalten des Herrschers, der seiner eigenen Kultivierung soviel Bedeutung beimißt wie der Kultur seiner Herrschaft. Ein Herrscher, der seinen Körper hochschätzt und das Volk verachtet, wird sich nicht lange an der Macht halten. Es gelte, wie »Vater und Mutter für das Volk« zu sein. /7,10,13/

Der Heilige hält sich an eine metaphysische Einheit, aus der heraus die Methoden der Regierung in der Antike entstanden. Das tatsächliche, der historischen Entwicklung entsprechende Verhältnis der Herrscher zu den Untertanen der jüngeren Zeit wird dagegen zunehmend von negativen Erscheinungen bestimmt. Gesetze, Formalismen und Strafe herrschen vor. Die Herrscher der Antike waren vorsichtig in Worten und Taten. Sie hatten Angst, sich von Tao zu trennen und ihre Natürlichkeit zu verlieren. Nur wo Staat und Familie in Unordnung sind, gibt es etwa »loyale Minister«. /13,14,17,18/

Große Bedeutung kommt in diesem Text der Zeit der Urherrscher zu, als noch keine Schriftzeichen verwendet wurden und die Knotenschrift genügte. Der Schluß lautet: »fort mit Weisheit und Schläue« – zurück zum Handeln durch Nicht-Handeln (Wu-wei). Der Schlüssel liegt also in der Einfachheit. Der Taoist fürchtet den Herrscher, der sich nicht von »Studierten«, von Leuten mit verführerischen Fähigkeiten, fernhält. /19,20/

Der Herrscher oder König ist eines der vier wesentlichen Grundelemente: Tao, Himmel, Erde, König/Mensch. Im Sinne einer gewünschten Vorbildhaftigkeit oder Orientierung lautet die Reihe: Mensch – Erde – Himmel – Tao. Tao hat das »natürliche Sosein« zum Vorbild. /25/

Ein Herrscher, der sich auf Tao stützt, braucht keine Waffen. Der Text Ho-shang kungs gibt ein klares Votum gegen Krieg und Waffen ab. »Schöne Waffen« sind Werkzeuge des Bösen, und sie sind nur im äußersten Notfall zu nutzen, zum Wohle des Volkes. Friedfertigkeit und Ruhe zeichnen einen guten Herrscher aus. Siege erfreuen nicht. Wer sich am Töten (Siegen) erfreut, ist ungeeignet für die Herrschaftsausübung. /30,31/

Wenn sich der Herrscher an Tao und Wu-wei hält, dann würde sich alles spontan entwickeln und positive Wirkungen würden von selbst erfolgen. Die Herrscher würden sich in diesem Falle in ihren Verfahrensweisen an »Himmel und Erde« anpassen. Sie würden nicht *über* die Wesen herrschen, sondern wären mit ihnen gewissermaßen eine Einheit. Alles würde von sich aus zum eigenen wahren Sein finden. /32,34,37/

Ein Vergleich mit der positiven Wirkkraft (Te), die den Herrschern der Antike eigen war, bringt weitere Einblicke. Die Herrscher der Antike suchten mit Himmel und Erde eins zu sein, und das Volk erlangte so Perfektion. In jüngerer Zeit sei aber ein »geringeres *Te*« aktuell, also eine verringerte Leistungskraft der Herrscher. Dieses »geringere *Te*« äußere sich in »Namen« (Gesetzen, Normen, Rängen) und entsprechenden Handlungen. Das begründet auch die Formen und Riten profaner Staatlichkeit: Herrscher und Untertan sind nun Konkurrenten. So entfernen sich die Menschen von Tao, und als Ergebnis stellen wir fest, daß von »Mitmenschlichkeit«, »Liebe«, »Gerechtigkeit« und »Zeremoniell« die Rede ist. Der allgemeine Abfall von Tao, der Verfall an sich, wird durch sogenannte Tugenden oder »Werte« kaschiert. /38/

Für Himmel, Erde, Gottheiten, Wesen, Prinzen und Könige gilt, daß sie ihre ideale Seins- und Wirkungsweise durch »Nicht-Handeln« und »Einheit« erlangen. Die Herrscher sollten nicht durch Worte regieren, sondern allein durch das Vorbild ihrer Persönlichkeit. Allerdings sei es nur wenigen vergönnt, Tao zu erlangen und folglich durch Nicht-Handeln zu regieren. Wenn aber ein Herrscher Tao tatsächlich erreicht, dann werden Waffen überflüssig und Streitrösser zu Ackergäulen. Wer dagegen gerne »handelt«, »regiert«, »lehrt« und die Menschen plagt, die keinen Frieden haben, der ist ungeeignet für die Regierung des Landes. /39,43,46,48/

Ein Land, das sich von machtpolitischen Zwängen leiten läßt, schafft Annehmlichkeiten für die Oberschicht. Dem steht aber eine Vernachlässigung von Landwirtschaft und Vorsorge für das

Volk gegenüber: Wenn das Volk nicht genug hat, der Herrscher aber zuviel, dann ist das Räuberei. Es ergeben sich zunehmend negative Effekte durch scheinbar notwendige legalistische Maßnahmen: Je mehr Verbote, desto ärmer das Volk. Dort wo der Herrscher ungerecht ist, werden ursprünglich Gerechte auch zu Schwindlern. Die Regierung muß dem Weg »des Himmels« und der Gezeiten entsprechen, parallel den bekannten Orientierungsmaßgaben für die persönliche Selbstkultivierung. Hierzu wird der Vergleich mit dem Fluß Yang-tzu chiang eingeführt. Wer ein großes Land regiert, sollte eben jenem Fluß gleichen, also wie eine umfassende Grundströmung sein. Mit ihr verbindet sich die Qualität »Yin«, mit der Bedeutung »bescheiden«, »schwach«, nicht die Initiative ergreifen und sich vielmehr anpassen. /53,57,59,61/

Die Realgeschichte freilich zeigt ein anderes Bild. Hier sehen wir offenbar grundsätzlich sich ständig verschlechternde Verhältnisse in der Wahrnehmung von Tao durch die Menschen. Die Herrschenden der Zeit nutzten nicht Tao und Te, um das Volk zu bessern, sondern verwendeten sofort Strafmaßnahmen. Der Himmel aber ist »Meister des Tötens«. Der Mensch darf sich nicht an seine Stelle setzen und als »Meisterschnitzer« wirken.

Positive Verhaltensweisen sind vom Volk jedoch nicht zu erwarten, wenn es hungert und friert: eine Folge von zu vielen Abgaben. Das Volk wird gierig, dem Beispiel der Herrschenden folgend. Gewinnerwartungen führen dazu, daß auch das Leben selbst aufs Spiel gesetzt wird. Würde, Rang und Profit dürfen nicht das Ziel verkörpern. Wer denn von solch vordergründigen Motiven bestimmt wird, der könnte nicht als Beamter eingesetzt werden.

Ein Herrscher, der sich auf Strafsysteme stützt, verliert die Zuneigung der Menschen. Die Heiligen der Antike dagegen hatten weder Bücher noch Gesetze. Sie folgten den Gegebenheiten jener metaphysischen Einheit und Ganzheit, die es wiederzugewinnen gilt. Sie orientierten sich an der Vorbildhaftigkeit von Tao und bezeugten somit seine positive Kraft (Te). /74,75,79/

Eine weitere Einlassung sei angeführt, die wesentlich auf den Vorstellungen einer idealisierten Antike beruht. Wer über ein großes Land herrscht, heißt es, sollte es wie ein kleines behandeln: Das Volk hat sein festes Lebensgefüge, Reich und Arm wenden sich nicht gegeneinander. Auch werden die Menschen nicht der landwirtschaftlichen Arbeit entzogen (z. B. für Kriegs- und Frondienst). Es handelt sich bei diesem Idealfall um eine harmonische und einfache Gesellschaft, in der die Herrschaft das Volk nicht belastet. Es verbleibt an den Orten seines Wirkens und seiner Beschäftigung, ohne in Interaktion mit anderen Gemeinden zu treten. /80/ [1]

Mit Sicherheit fällt generell der grundsätzliche Charakter der Ausführungen auf, die ohne Detailinstruktionen klar die Intention des Kommentators wiedergeben. All die Elemente, die mit dem Begriff des Legalismus verbunden sind und die großenteils auch vom Konfuzianismus geteilt werden, gilt es auszuschalten. Sogenannte Tugenden und Werte, wie sie eben auch vom Konfuzianismus vertreten wurden (etwa »Loyalität«), sind Ausweis einer formal strukturierten Gesellschaft, die dem Ideal einer gemäß dem Konzept »Wu-wei« gestalteten harmonischen Urgesellschaft widersprechen. In dieser Rückbesinnung wird ein ganzheitliches Bild vom Menschen in einer natürlichen und sozialen Umwelt gezeichnet, frei von formalisierten Administrationen und Bürokratien, von Legislative und Exekutive. Wir stellen fest, daß die *Lao-tzu* verbundenen Theoreme und Inhalte wesentliche Bestandteile der intellektuellen und religiösen Kultur Chinas sind, aus der auch wir heute Anregungen und Bereicherungen erfahren können.

# Anhang

# Anmerkungen

## Einleitung: Über den Namen Lao-tzu und seinen Bezug zum Tao-te ching

1 Shih-chi 63.3,2139-2141, 5 Bd., Tainan 1975. Erh-shih-ssu shih t'i-yao 7-15, Harbin 1982. Zu einer religiös-populären Lebensgeschichte Lao-tzus siehe F.C. Reiter, Leben und Wirken Lao-Tzu's in Schrift und Bild (Lao-chün pa-shih-ihua t'u-shuo), Würzburg 1990.

2 Han-shu 30.10,1729-1731 (Tao-chia), Peking 1975.

3 Die hier zitierte Edition des Taoistischen Kanons (Tao-tsang) ist ein Nachdruck der Kopie von 1925-1927 (Shanghai) durch den I-wen Verlag, Taipei 1977, 61 Bd.

4 A.K. Seidel, La divinisation de Lao Tseu dans le taoisme des Han, Paris 1969.

5 Siehe Kapitel II.3.: Lao-tzu und sein Wirken im religiösen Taoismus.

## Erster Teil
## 1. Deutsche Interpretationen der Schrift Tao-te ching (Lao-tzu)

1 Siehe A.K.L. Chan, Two Visions of the Way. A Study of the Wang Pi and the Ho-shang Kung Commentaries on the Lao-tzu, New York 1991. Speziell zu wen und wu siehe F.C. Reiter, The Scripture of the Hidden Contracts (Yin-fu ching). A short survey on facts and findings, in NOAG 136, S. 75-83 (1984), bezogen auf eine andere taoistische Schrift.

2 Das ergibt sich aus ihren Präsentationen. W. Kohlschmidt/W. Mohr (Hg.), Reallexikon der Deutschen Literaturgeschichte, Bd. 2, 2. Aufl., Berlin 1965, S. 858bff. (§ 77ff., China), geht vom orientalisierenden Barockroman bis zur Moderne (Brecht, Döblin, Frisch, Kafka, Klabund, Hesse u. a.)

3 Siehe auch Abschnitt I.4.: »Vergleiche zu Textauffassungen in deutschsprachigen Interpretationen«. Wing-tsit Chan, A Source Book in Chinese Philosophy, Princeton 1972. L. Lanciotti, Il libro della virtu e della

vita. Il Te-tao-ching secondo il manoscritto di Ma-wang-tui, Milano 1981.

4 R. Wilhelm, Laotse, der verborgene Weise, in: Sinica 3. S. 26-31, 1928. Ders. (Übers.), Laotse, Tao Te King, Jena 1941. A. Forke, Geschichte der alten Chinesischen Philosophie. Abhandlungen aus dem Gebiet der Auslandskunde, Hamburg 1927.

5 Siehe Reallexikon § 77, zum 18. Jahrhundert. S. u. Abschnitt I.3.

6 Siehe Reallexikon § 79, zur Konfuzianischen Staats- und Gesellschaftsmoral.

7 So bei Döblin und Hesse, siehe Reallexikon § 84, S. 861/a-b.

8 Ebenda.

## 2. Die Verfremdung einer orientalischen Tradition

1 Erschienen im Insel-Verlag, Leipzig.
2 A. Ular, S. 98-103 (stark gekürzt).
3 Ebenda, S. 105.
4 Ebenda, S. 97.
5 Ebenda, S. 105.
6 Ebenda, S. 106 ff. (stark gekürzt).

## 3. Komparatistik und Mystifizierung

1 Erschienen im Phaidon-Verlag, Wien; Zitat: S. 31.
2 Klabund, S. 31 ff.
3 Ebenda, S. 32 ff.
4 Ebenda, S. 33.
5 Ebenda, S. 32.
6 Ebenda, S. 32.
7 Erschienen im Ernst Reinhardt Verlag, München/Basel.
8 Eckardt, S. 9 ff.
9 Ebenda, S. 10.
10 Ebenda, S. 18, 26.
11 Ebenda, S. 18.
12 Ebenda, S. 19.
13 Ebenda, S. 19.
14 Ebenda, S. 26.

15 Siehe F.C. Reiter (Hg. u. Übers.), Leben und Wirken Lao-Tzu's in Schrift und Bild, Lao-chün pa-shih-i hua t'u-shuo, Würzburg 1990; und ders., Grundelemente und Tendenzen des Religiösen Taoismus. Das Spannungsverhältnis von Integration und Individualität in seiner Geschichte zur Chin-, Yüan- und frühen Ming-Zeit, in: Münchener Ostasiatische Studien, Bd. 48, Stuttgart 1988. S. 139 ff., »Die Auseinandersetzung zwischen den Buddhisten und Taoisten im 13. Jh., Entscheidungen und Folgen«.
16 Erschienen als Nr. 19 im Ernst Reinhardt Verlag, München/Basel 1958.
17 Schlötermann, S. 21 ff.
18 Ebenda, S. 22f. (stark gekürzt).
19 Ebenda, S. 23.
20 Ebenda, S. 25.
21 Ebenda, S. 26.
22 Ebenda, S. 27.
23 Ebenda, S. 28.
24 Siehe Lao-tzu chu (Komm.: Wang Pi), 1 (1. Abschnitt), in: Konkordanz zum Lao-tzu, Publikationen der Fachschaft Sinologie Nr. 19, München 1968.
25 Erschienen in Princeton 1992.
26 Köhn, S. 40. Die deutsche Fassung bzw. Inhaltswiedergabe stammt jeweils von mir selbst.
27 Köhn, a. a. O., S. 40.
28 Vgl. die Lebensgeschichte Lao-tzus in: F.C. Reiter, Leben und Wirken Lao-Tzu's in Schrift und Bild, a. a. O.
29 Köhn, a. a. O., S. 45.
30 Ebenda, S. 45 ff.
31 Ebenda, S. 46-49. Vgl. F.C. Reiter, Leben und Wirken Lao-Tzu's in Schrift und Bild, a. a. O., S. 21 ff., 78-85.
32 Siehe z. B. meine Ausführungen zum Ch'üan-chen Taoisten Ch'en Chich-hsü (14. Jh.), in: F.C. Reiter, Grundelemente und Tendenzen des Religiösen Taoismus,a. a. O., S. 91 ff.
33 Köhn, a. a. O., S. 48. Siehe auch F.C. Reiter, Friedensfördernde und friedenshemmende Faktoren im Konfuzianismus. Untersuchungen zum Themenkreis »Religion, Frieden und Krieg«, in: V. Zsivkovits (Hg.), Religion – Krieg – Friede. Friedensfördernde und friedenshemmende Faktoren in verschiedenen Religionen, Wien 1991, S. 55-79. In einen umfassenden Kontext stellt W. Bauer diese Themen, in: China und die Hoffnung auf Glück. Paradiese, Utopien, Idealvorstellungen, Mün-

chen 1971. In diesem Buch finden sich auch hervorragende Ausführungen zu Lao-tzu und zum philosophischen Taoismus.

34 Köhn, a. a. O., S. 49.

35 Ebenda, S. 49 f.

36 Ebenda, S. 50.

37 Ebenda, S. 50-52.

38 Vgl. Bauer, a. a. O.; und Reiter, Friedensfördernde und friedenshemmende Faktoren im Konfuzianismus, a. a. O.

39 Vgl. die biographischen Darstellungen in: F.C. Reiter, Der Perlenbeutel aus den Drei Höhlen (San-tung chu-nang). Arbeitsmaterialien zum Taoismus der frühen T'ang Zeit, in: Asiatische Forschungen, Bd. 112, Wiesbaden 1990, bes. S. 9-31; sowie ders., Studie zu den Überlieferungen von mutmaßlich Unsterblichen (I-hsien chuan) aus dem Taoistischen Kanon, in: Oriens 29/30, S. 351-396, 1986.

## 4. Vergleiche zu Textauffassungen in deutschsprachigen Interpretationen

1 Hundhausen, a. a. O., S. 1.

2 Jang Ching-shun, a. a. O., S. 95. Diese Edition bietet zugleich Text und Übersetzung.

3 Schwarz, a. a. O., S. 51. Diese Edition bietet im Anhang (S. 135 ff.) zu den einzelnen Abschnitten des *Tao-te ching* ausführliche Erläuterungen.

4 Edition: Princeton 1972, S. 139. Enthält auf S. 139-176 eine verläßliche englische Übersetzung des *Tao-te ching.*

5 Hundhausen, a. a. O., S. 6.

6 Jang Ching-shun, a. a. O., S. 97.

7 Schwarz, a. a. O., S. 56.

8 D.h. Shih-ching, eines der »klassischen« Bücher des Altertums. Siehe Schwarz, a. a. O., S. 141 (zu Abschnitt 6 des *Tao-te ching*).

9 Wing Tsit-chan, a. a. O., S. 142.

10 TT 682 Tao-te chen-ching chu 1.5a.

11 Hundhausen, a. a. O., S. 26.

12 Jang Ching-shun, a. a. O., S. 104 f.

13 Schwarz, a. a. O., S. 75.

14 Wing-tsit Chan, a. a. O., S. 152 f.

15 Hundhausen, a. a. O., S. 75.

16 Jang Ching-shun, a. a. O., S. 124.
17 Schwarz, a. a. O., S. 123.
18 Ebenda, S. 219 f.
19 Wing-tsit Chan, a. a. O., S. 173.
20 Hundhausen, a. a. O., S. 77.
21 Jang Ching-shun, a. a. O., S. 125.
22 Schwarz, a. a. O., S. 125.
23 Wing-tsit Chan, a. a. O., S. 174.
24 Hundhausen, a. a. O., S. 82.
25 Jang Ching-shun, a. a. O., S. 127.
26 Schwarz, a. a. O., S. 130.

### 5. Der Text Lao-tzu in der modernen Sinologie

1 A.K.L. Chan, Two visions of the Way. A study of the Wang Pi and the Ho-shang Kung commentaries on the Lao-Tzu, New York 1991. Der Text des Wang Pi ist enthalten in: Publikationen der Fachschaft Sinologie München, Nr. 19: Konkordanz zum Lao-Tzu, München 1968. Eine Übersetzung des Ho-shang kung Kommentars hat E. Erkes vorgelegt: Ho-shang kung's commentary on Lao-Tse, Ascona 1958.
2 P. Kramers (Hg.), China: continuity and change. Papers of the XXVIIth congress of Chinese studies 31.8.-5.9.1980, Zürich University, Zürich 1982; und hieraus: M. Loewe, The manuscripts from tomb number three Ma-wang-tui, S. 29-57. R.G. Henricks, Examining the Ma-wang-tui silk texts of the Lao-tzu, with special note of their differences from the Wang Pi text, in: T'oung Pao LXV, 4-5, S. 166-199. Ders., The philosophy of Lao-tzu based on the Ma-wang-tui texts: some preliminary observations, in: Society for the Study of Chinese Religions Bulletin 9, S. 59-78. J.F. Pas, Review Article; Recent translations of the Tao Te Ching, in: Journal of Chinese Religions 18, S. 127-141.
3 Die folgenden Darlegungen stützen sich vor allem auf die Ausführungen von M. Loewe, a. a. O.; und R.G. Henricks, a. a. O.
4 M. Loewe, a. a. O., S. 37.
5 Ebenda.
6 Shih-chi 63, 677b, Taipei 1970. R.G. Henricks, Examinig the Ma-wang-tui silk texts, a. a. O., S. 169.
7 R.G. Henricks, The philosophy of Lao-tzu, a. a. O., S. 59-61; hier wird die Meinung chinesischer zeitgenössischer Autoren diskutiert, die im

*Lao-tzu* ein militärisches bzw. legalistisches Traktat sehen wollen, wozu philologische Argumente vorgetragen werden, die Henricks zurückweist. Siehe auch meine abschließenden Paragraphen in diesem Kapitel. Vgl. Chou Chung-ling, Han Fei-tzu so-yin, Chieh Lao, Nr. 20, Peking 1982, S. 700 ff.

8 R.G. Henricks, The Ma-wang-tui silk texts, a. a. O., S. 169 ff.

9 Ders., Examining the Ma-wang-tui silk texts of the Lao-tzu, a. a. O.

10 Ebenda. S. 172-177.

11 R.G. Henricks, The philosophy of Lao-tzu, a. a. O., S. 68. Zur Möglichkeit, daß im Text auch mit Wortspielen gearbeitet wird.

12 Ders., Examining the Ma-wang-tui silk texts, a. a. O., S. 184 ff.

13 Ebenda, S. 182.

14 J.F. Pas, Review Article; Recent translation of the Tao Te Ching, a. a. O.

15 Ebenda, S. 134-136.

16 Ebenda, S. 136, 140.

17 Ebenda, S. 132.

18 Ebenda, S. 140 f.

19 Ebenda, S. 131.

## Zweiter Teil
### 1. Lao-tzu im Rahmen der chinesischen Bibliographie

1 F.C. Reiter, Some remarks on the Chinese word t'u chart, plan, design, in: Oriens 32, S. 315 u. 318/Anm. 38; bezüglich entsprechender Einlassungen Cheng Ch'iaos, in: T'ung-chih 72, 837c-838b, Shanghai 1935.

2 P. van der Loon, Taoist books in the libraries of the Sung period. A critical study and index, Oxford 1984. S. 1.

3 Den bislang besten Überblick bietet Piet van der Loon, a. a. O.

4 Liegt vor in der Edition Chung-hua Verlag, Peking 1981. Dieser Katalog zeitigte bedeutende Nachfolge-Studien, so z. B. Hsü Chia-hsi, Ssu-k'u t'i-yao pien-cheng (1883-1955).

5 Han-shu 30, I-wen chih 10, 1732, Peking 1975. Vergleiche auch (z. B.) Liu-tzu chi-chiao (Chiu-liu) 55, 303, mit einer kritischen Einlassung.

6 Han-shu 1724-1728.

7 F.C. Reiter, The Scripture of the Hidden Contracts (Yin-fu ching). A short survey on facts and findings, in: Nachrichten der Gesellschaft für Natur- und Völkerkunde Ostasiens/Hamburg 136, S. 75-83. S. u. meine Ausführungen zum Katalog *Ssu-k'u ch'üan-chu tsung-mu.*

8 Einen vorzüglichen Überblick hierzu bietet H. Maspero, Le taoisme dans les croyances religieuses des Chinois à l'époque des six dynasties, in: Le taoisme et les religions chinoises, Paris, 1971, S. 295-317.

9 Han-shu (fang-chi) 1780, am Ende der Literatursektion, entsprechend der Nr. 7 *Fang-chi lüeh* in Liu Hsins *Ch'i-lüeh.*

10 Vergleiche die Studie zu den Kommentaren Wang, Pi und Ho-shang Kung von A.K. Chan, New York 1991. Sui-shu 34, Ching-chi 3,1000-1001, Peking 1973.

11 Sui-shu 1043, 1047.

12 F.C. Reiter, Conditions, ways and means of healing in the perspective of the Chinese Taoist, in: Oriens 33, S. 348-362.

13 Sui-shu 35, Ching-chi 4,1091-1094 (Taoisten), 1094-1099 (Buddhisten).

14 Sui-shu 1091.

15 Sui-shu 1093. Hier wird zwischen »philosophischen« Schriften (Chuang-tzu) und »religiösen« (die Ling-pao Gruppe) nicht getrennt. Ein Hinweis darauf, daß solche Kategorisierungen eher europäischer Denkart zuzuordnen sind.

16 In diesem Sinn kann z. B. der *Tao-te ching* Kommentar des Ming Kaisers T'ai-tsu (1386-1398) erwähnt werden (Ta Ming T'ai-tsu kao huang-ti yü-chu Tao-te chen-ching hsü, in: Cheng-t'ung Tao-tsang). Vergleiche J.D. Langlois, Jr./Sun K'o-k'uan, Three teachings syncretism and the thought of Ming T'ai-tsu, in: Harvard Journal of Asiatic Studies 43, S. 97-139 (1983). Ming-shih 98, I-wen chih 3, 2451. Es ist wichtig, sich daran zu erinnern, daß Ming T'ai-tsu sich auch mit dem Buddhismus befaßte, siehe ebenda, 2453 zum »Diamant-Sutra« (Chi-chu chin-kang ching).

17 Der Text nennt z. B. die Gründung des organisierten religiösen Taoismus in der Provinz Szechwan zur ausgehenden Östlichen Han Zeit (Chang Lu). Steht hier der religiöse Taoismus im Vordergrund, so enthält die Bibliographie eben weithin Schriften, die heute der »Philosophie« zugerechnet werden. Siehe Ssu-k'u ch'üan-shu tsung-mu 146 (tzu-pu, tao-chia lei) 1241b. Siehe Anmerkungen 4 und 15.

18 Ssu-k'u ch'üan-shu tsung-mu 1242b.

19 Ssu-k'u ch'üan-shu tsung-mu 1245bff.

## 2. Lao-tzu im Rahmen der chinesischen Philosophiegeschichte

1 Diese Werke stammen aus der Ch'ing Zeit (1644-1911). Autor ist Huang Tsung-hsi. Eine umfassende Darstellung unter Verwendung anderer Quellen und Referenzwerke gibt: H. Schmidt-Glintzer, Der Literatenbeamte und seine Gemeinde, oder der Charakter der Aristokratie im chinesischen Mittelalter, in: Zeitschrift der Deutschen Morgenländischen Gesellschaft 139, S. 397-425. Weitere wichtige Quellen sind natürlich die Sektionen zu den Beamten in den Dynastiegeschichten sowie in der lokalgeschichtlichen Geschichtsschreibung (Ti-fang chih/Lokalgazette).

2 M. Garnet, Das chinesische Denken – Inhalt, Form, Charakter, übers. von M. Porkert, München 1971, S. 129 ff. F.C. Reiter, Some remarks on the Chinese word t'u, a. a. O., S. 319-321.

3 Als Beispiele seien die Namen Chuang-tzu und Lieh-tzu genannt, natürlich auch Lao-tzu.

4 Feng Yu-lan, Chung-kuo che-hsüeh shih, Lao-hsüeh yü Chuang-hsüeh, in: Ta-hsüeh ts'ung-shu, Taipei o.J. (Nachdr.), S. 213-215. Zu den vielfältigen Überlieferungen zu Li Erh (oder Po-yang, Li Tan) in diesem Zeitraum siehe: A.K. Seidel, a. a. O., S. 6 ff.

5 Siehe den Abschnitt »Das Buch Tao-te ching und Lao-tzu in der T'ang Zeit (618-907)«.

6 S. Anm. 1. Dieses Lehrer-Schüler-Verhältnis, die »Affiliation«, hat es von Lao-tzu ausgehend in einem transzendenten und religiös-legitimierenden Sinne im Bereich des religiösen Taosimus sehr wohl gegeben. Siehe den Abschnitt »Lao-tzu und sein Wirken im religiösen Taoismus«.

7 Zitiert aus: Laudse, Daudedsching, übers. von E. Schwarz, Leipzig 1978, S. 130.

8 Eine vollständige Übersetzung des Textes bietet: W. Bauer, China und die Hoffnung auf Glück, a.a.O., S. 266 ff.

9 S. Laudse, Daudedsching, a. a. O.; und die entsprechenden Ausführungen bei W. Bauer, a. a. O. Ferner F.C. Reiter, Studie zu den Überlieferungen von mutmaßlich Unsterblichen (I-hsien chuan) aus dem Taoistischen Kanon, in: Oriens 29-30, S. 351-396, bes. S. 367 f. (Ko Yung).

10 W. Bauer, a. a. O., S. 224-231.

11 F.C. Reiter (Hg. u. Übers.), Leben und Wirken Lao-Tzu's in Schrift und Bild, a. a. O., S. 25, auch S. 104 f.

12 W. Eichhorn, Die Religionen Chinas, Stuttgart 1973, S. 104-106. Siehe A.K. Seidel, a. a. O., S. 5 ff. M. Granet, a. a. O., S. 33 u. 228 (zu Huang-ti

als dem ersten Herrscher der chinesischen Geschichte), 284, 286 (zur medizinischen Schrift *Huang-ti nei-ching*). Hierzu siehe auch P.U. Unschuld, Der Wind als Ursache des Krankseins. Einige Gedanken zu Yamada Keijis Analyse der Shao-shih Texte des Huang-ti nei-ching, in: T'oung Pao LXVIII, 1-3, S. 91 ff. P.U. Unschulds Artikel enthält Ausführungen zu Bestand und Geschichte des Textkreises *Huang-ti nei-ching* sowie auch wegweisende Darlegungen zu Wesen und Struktur der chinesischen Medizin.

### 3. Lao-tzu und sein Wirken im religiösen Taoismus

1 A.K. Seidel, a. a. O., S. 5 ff., 59ff., 131ff.

2 Ebenda, S. 65-67. Zu Kuang-ch'eng tzu und zum »Archivar der Chou«, siehe S. 133 (Zeilen 43, 52).

3 Ebenda, S. 66 (S. 133, Zeile 50); S. 67 (S. 133 Zeile 52); S. 68 (S. 134, Zeile 62). Wang Fang-p'ing ist Wang Yüan, siehe G. Güntsch, Das Shen-hsien chuan und das Erscheinungsbild eines Hsien, in: Würzburger Sino-Japonica, Bd. 16, Frankfurt/M. 1988, S. 74-81. Aber auch F.C. Reiter, Der Perlenbeutel aus den Drei Höhlen, a. a. O., S. 110 (Amtssitz Nr. 8), zu einem Zusammentreffen (!) von T'ai-shang Lao-chün und Wang Fang-p'ing.

4 Siehe die Darstellungen zum religiösen Taoismus in: J. Lagerwey, Taoist Ritual in Chinese Society and History, New York 1987; und K.M. Schipper, Le corps taoiste, Paris 1982.

5 Zitiert aus: F.C. Reiter (Hg.), Leben und Wirken Lao-Tzu's in Schrift und Bild, a. a. O., S. 39, auch 190f.

6 Siehe J. Lagerwey, a. a. O.; und K.M. Schipper, a. a. O. Vgl. F.C. Reiter, Grundelemente und Tendenzen des religiösen Taoismus, a. a. O., S. 127 ff.

7 Zitiert aus: A.K. Seidel, a. a. O., S. 76. Eine freie deutsche Übertragung sei gegeben: »Das Eine, das ist Tao [...]. Das Eine, wenn es zerstreut ist, ist der Odem; wenn es konzentriert ist, ist es T'ai-shang Lao-chün. Seine Residenz befindet sich am K'un-lun Gebirge. Ob man von der Leere spricht oder von der natürlichen Spontaneität oder vom Namenlosen, in allen Fällen ist es das gleiche Eine. Er [Lao-chün] verkündet die Vorschriften von Tao und belehrt die Menschen, diese exakt zu beachten: Das ist es, was ›das Eine bewahren‹ bedeutet. Wenn man sich in seinem Verhalten nicht diesen Maßgaben konform verhält, geht man

des Einen verlustig«. Siehe auch Jao Tsung-i, Lao-tzu Hsiang-erh chu chiao-ch'ien, Hongkong 1956.

8 F.C. Reiter, Der Perlenbeutel aus den Drei Höhlen, a. a. O., S. 107 ff. Dieses Phänomen gab es auch im Buddhismus, siehe E. Zürcher, a. a. O., S. 207 ff.

9 F.C. Reiter, Grundelemente und Tendenzen des Religiösen Taoismus, a. a. O., S. 132 ff.

10 Ders., Leben und Wirken Lao-Tzu's in Schrift und Bild, a. a. O., S. 31, 33, 34. Zu diesem Thema siehe auch E. Zürcher, a. a. O., S. 288 ff.

11 S.o. Anm. 8. Akteure waren Repräsentanten der sog. Ch'üan-chen Schule, einer monastisch-zölibatären Richtung des religiösen Taoismus, die im 11. Jahrhundert in Nord-China (Shensi/Shantung) entstanden war. Siehe auch A. Waley, The Travels of an Alchemist. The journey of the Taoist Ch'ang-ch'un from China to the Hindukush at the summons of Chingiz Khan, London 1963, S. 30 ff., (Neudr.).

12 F.C. Reiter, Leben und Wirken Lao-Tzu's in Schrift und Bild, a. a. O., S. 41, auch 202ff.

13 Ebenda, S. 28, 38.

14 Z.B. zum *Chin-kuang ming-ching* siehe F.C. Reiter, Leben und Wirken Lao-Tzu's in Schrift und Bild, a. a. O., S. 30, auch 134ff.

15 F.C. Reiter, Leben und Wirken Lao-Tzu's in Schrift und Bild, a. a. O., S. 34, auch 158ff.

16 Ebenda, S. 21ff, 24ff. Auf den zitierten Seiten werden die Kulturheroen Chu-jung, Fu Hsi, Shen-nung und Huang-ti genannt.

## 4. Das Buch Tao-te ching und Lao-tzu in der T'ang Zeit (618-907)

1 W. Eichhorn, a. a. O., S. 229-241, 249-251.

2 Ch'en Kuo-fu, Tao-tsang yüan-liu k'ao. Taipei 1975 (Nachdr.), S. 114. P. van der Loon, a. a. O., S. 37 ff.

3 W. Eichhorn, a. a. O., S. 234 ff. Dazu gehört auch die Registrierung der Ordinierten, über die Rechenschaft abgelegt werden mußte. Siehe auch F.C. Reiter, Grundelemente und Tendenzen des religiösen Taoismus, a. a. O., S. 139 ff.

4 Im Taoistischen Kanon, Titelnummer 599; in der Edition Cheng-t'ung tao-tsang, I-wen Vlg., Taipei 1977 (61 Bände). Der Text, datiert 901, wurde von Tu Kuang-t'ing verfaßt, der ältere Traditionen aufnimmt.

5 F.C. Reiter, Der Perlenbeutel aus den Drei Höhlen, a.a.O., S. 39-41 (»Das Aussetzen von Gebetstäfelchen an Bergen und Gewässern«, aus: San-tung chu-nang 2.8a-12a).
6 E.H. Schafer, The Princess Realized in Jade, in: T'ang Studies 3, S. 1-23, 1985. W. Eichhorn, a.a.O., S. 234.
7 F.C. Reiter, Leben und Wirken Lao-Tzu's in Schrift und Bild, a.a.O., S. 43.
8 Ebenda, S. 43.
9 Der Text findet sich im Taoistischen Kanon, zur Edition s. Anm. 4. Die Titelnummer des Textes ist: 593. Der Text ist datiert: 885.
10 T'ang-chien 5.4a und Tzu-chih t'ung-chien 214.30 (741 n. Chr.); siehe F.C. Reiter, Fan Tsu-yü's (1041-1098) lectures on T'ang emperors and their Taoist inclinations, in: Oriens 31, S. 300 ff., 1988.
11 W. Eichhorn, a.a.O., S. 232.
12 Hsü Sung, Teng-k'o chi-k'ao 9.299; revidiert von Chao Shou-yen, Peking 1984.
13 W. Eichhorn, a.a.O., S. 233, 243.

## Dritter Teil

### 1. Zusammenfassung zu praktischen Aussagen des Tao-te ching (Laotzu) gemäß dem Kommentar Ho-shang kung

1 A.K. Seidel, a.a.O., S. 114.

### 2. Selbstkultivierung und ihre Voraussetzungen

1 F.C. Reiter, Grundelemente und Tendenzen des Religiösen Taoismus, a.a.O., S. 29 ff.
2 Zum Beispiel: G. Güntsch, a.a.O. M. Kaltenmark, Le Lie-Sien Tchouan (Biographies légendaires des Immortels taoistes de l'antiquité), Peking 1953. F.C. Reiter, Studie zu den Überlieferungen von mutmaßlich Unsterblichen (I-hsien chuan) aus dem Taoistischen Kanon, a.a.O., S. 351-396, wo Hinweise auf weitere taoistische Quellen gegeben werden, unter dem Gesichtspunkt einer religiösen »Historiographie«. Hierzu siehe auch J.M. Boltz, A Survey of Taoist Literature. Tenth to Seventeenth Centuries, Berkeley 1987.

## 3. Der Herrscher und die Kunst des Regierens

1 Siehe den Abschnitt »Lao-tzu im Rahmen der chinesischen Philosophiegeschichte« mit dem Hinweis auf T'ao Ch'iens »Bericht zur Pfirsichblütenquelle«.

# Literaturhinweise

## 1. Die chinesischen Quellen in den Anmerkungen


Cheng-t'ung tao-tsang, Ed.I-wen Vlg., Taipei 1977.
Chung-kuo che-hsüeh shih (Feng Yu-lan), Taipei o.J. (Nachdr.).
Erh-shih-ssu-shih t'i-yao, Ed.Jen-min Vlg., Harbin 1982.
Han Fei-tzu so-yin, Ed.Chung-hua Vlg., Peking 1982.
Han-shu, Ed.Chung-hua Vlg., Peking 1975.
Lao-tzu Hsiang-erh chu chiao-ch'ien (Jao Tsung-i), Hongkong 1956.
Li-tai ch'ung-tao chi, (Ed.Cheng-t'ung tao-tsang).
Liu-tzu chi-chiao, Ed.Ku-chi Vlg., Shanghai 1985.
Ming-shih, Ed.Chung-hua Vlg., Peking 1984.
San-tung chu-nang (Ed.Cheng-t'ung tao-tsang).
Shih-chi, Ed.P'ing-p'ing Vlg., Tainan 1975.
Ssu-k'u ch'üan-shu tsung-mu, Ed.Chung-hua Vlg., Peking 1981.
Ssu-k'u t'i-yao pien-cheng, Ed.Chung-hua Vlg., Peking 1980.
Sui-shu, Ed.Chung-hua Vlg., Shanghai 1980.
Tang-chien, Ed. Ku-chi Vlg., Shanghai 1980.
Tao-te ching chu Ho-shang kung chang-chü (Ed.Cheng-t'ung tao-tsang).
Tao-tsang yüan-liu k'ao (Ch'en Kuo-fu), Taipei 1975 (Nachdr.).
Teng-k'o chi-k'ao (Hg.Chao Shou-yen), Ed.Chung-hua Vlg., Peking 1984.
T'ung-chih, Ed.Shanghei 1935.
Tung-t'ien fu-ti yüeh-tu ming-shan chi (Ed.Cheng-t'ung tao-tsang).
Tzu-chih t'ung-chien, Ed.P'ing-p'ing Vlg., Tainan 1975.


## 2. Europäische Literatur


W. Bauer, China und die Hoffung auf Glück. Paradiese, Utopien, Idealvorstellungen, München 1971.
J.M. Boltz, A Survey of Taoist Literature. Tenth to Seventeenth Centuries, Berkeley 1987.

A.K.L. Chan, Two Visions of the Way. A Study of the Wang Pi and the Ho-shang Kung Commentaries of the Lao-tzu, New York 1991.
Wing-tsit Chan, A Source Book in Chinese Philosophy, Princeton 1972.
A. Eckardt, Laotse, unvergängliche Weisheit, in: Glauben und Wissen, Nr. 18, Basel 1957.
W. Eichhorn, Die Religionen Chinas, Stuttgart 1973.
E. Erkes, Ho-shang kung's commentary on Lao-Tse, in: Artibus Asiae, Ascona 1958.
A. Forke, Geschichte der alten chinesischen Philosophie, in: Abhandlungen aus dem Gebiet der Auslandskunde, Hamburg 1927.
M. Granet, Das chinesische Denken – Inhalt, Form, Charakter, übers. von M. Porkert, München 1971.
G. Güntsch, Das Shen-hsien chuan und das Erscheinungsbild eines Hsien, in: Würzburger Sino-Japonica, Frankfurt/M. 1988.
R.G. Henricks, Examining the Ma-wang-tui silk texts of the Lao-tzu, with special note of their differences from the Wang Pi text, in: T'oung Pao LXV, 4-5, S. 166-199.
Ders., The philosophy of Lao-tzu based on the Ma-wang-tui texts: some preliminary observations, in: Society for the Study of Chinese Religions Bulletin 9, S. 59-78.
Ders., Lao-tzu Te-tao ching. A New Translation Based on the Recently Discovered Ma-wang-tui Texts, New York 1992.
A. Henschke, siehe »Klabund«.
V. Hundhausen, Lau-dse, das Eine als Weltgesetz und Vorbild, in deutscher Sprache von Vincenz Hundhausen, Edition: Verlag der Pekinger Pappelinsel, 1948.
Jang Ching-shun, Der chinesische Philosoph Laudse und seine Lehre, übers. von G. Kahlenbach, hrsg. von E. Lieck, Berlin 1955.
M. Kaltenmark, Le Lie-Sien Tchouan (Biographies légendaires des Immortels taoistes de l'antiquité), Peking 1953.
Klabund (A. Henschke), Literatur-Geschichte, Wien 1930.
W. Kohlschmidt/W. Mohr (Hg.), Reallexikon der Deutschen Literaturgeschichte, Bd. 2., 2. Aufl., Berlin 1965.
L. Köhn, Early Chinese Mysticism, Philosophy and Soteriology in the Taoist Tradition, Princeton 1992.
R.P. Kramers (Hg.), China: continuity and change. Papers of the XXVIIth congress of Chinese studies, Zürich 1982.
J. Lagerwey, Taoist Ritual in Chinese Society and History, New York 1987.

J.D. Langlois, Jr./Sun K'o-k'uan, Three teachings syncretism and the thought of Ming T'ai-tsu, in: Harvard Journal of Asiatic Studies 43, S. 97-139.
L. Lanciotti, Il libro della virtù e della vita. Il Te-tao-ching secondo il manoscritto di Ma-wang-tui, Milano 1981.
M. Loewe, The manuscripts from tomb number three, in: R.P. Kramers (Hg.), China: continuity and change, Zürich 1982, S. 29-57.
P. van der Loon, Taoist books in the libraries of the Sung period. A critical study and index, Oxford 1984.
M. Maspero, Le taoisme et les religions chinoises, Paris 1971 (Neudr.).
J.F. Pas, Review Article; Recent translations of the Tao Te Ching, in: Journal of Chinese Religions, 18, S. 127-141.
Publikationen der Fachschaft Sinologie, München, Nr. 19: Konkordanz zum Lao-Tzu, München 1968.
F.C. Reiter (Hg. u. Übers.), Leben und Wirken Lao-Tzu's in Schrift und Bild (Lao-chün pa-shih-i hua t'u-shuo), Würzburg 1990.
Ders., The Scripture of the Hidden Contracts (Yin-fu ching). A short survey on facts and findings, in: Nachrichten der Gesellschaft für Natur- und Völkerkunde Ostasiens, Hamburg 136, S. 75-83.
Ders., Grundelemente und Tendenzen des Religiösen Taoisnus. Das Spannungsverhältnis von Integration und Individualität in seiner Geschichte zur Chin-, Yüan- und frühen Ming-Zeit, in: Münchener Ostasiatische Studien, Bd. 48, Stuttgart 1988.
Ders., Friedensfördernde und friedenshemmende Faktoren im Konfuzianismus, in: V. Zsivkovits (Hg.) Religion – Krieg – Friede. Friedensfördernde und friedenshemmende Faktoren in verschiedenen Religionen, Wien 1991.
Ders., Studie zu den Überlieferungen von mutmaßlich Unsterblichen (I-hsien chuan) aus dem Taoistischen Kanon, in: Oriens 29/30, S. 351-396.
Ders., Der Perlenbeutel aus den Drei Höhlen (San-tung chu-nang). Arbeitsmaterialien zum Taoismus der frühen T'ang Zeit, in: Asiatische Forschungen, Bd. 112, Wiesbaden 1990.
Ders., Some remarks on the Chinese word t'u chart, plan, design, in: Oriens 32, S. 308-327.
Ders., Conditions, ways and means of healing in the perspective of the Chinese Taoist, in: Oriens 33, S. 348-362.
Ders., Fan Tsu-yü's (1041-1098) lectures on T'ang emperors and their Taoist inclinations, in: Oriens 31, S. 290-313.

E.H. Schafer, The Princess Realized in Jade, in: T'ang Studies 3, S. 1-23.
K.M. Schipper, Le corps taoiste, Paris 1982.
H. Schlötermann, Mystik in den Religionen der Völker, in: Glauben und Wissen, Nr. 19, Basel 1958.
H. Schmidt-Glintzer, Der Literatenbeamte und seine Gemeinde oder der Charakter der Aristokratie im chinesischen Mittelalter, in: Zeitschrift der Deutschen Morgenländischen Gesellschaft 139, S. 397-425.
E. Schwarz (Übers.), Laudse, Daudedsching (Lao-tse: Tao-te-king), Leipzig 1978.
A.K. Seidel, La divinisation de Lao Tseu dans le taoisme des Han, Paris 1969.
A. Ular, Die Bahn und der rechte Weg des Lao-Tse, der chinesischen Urschrift nachgedacht von Alexander Ular, Leipzig 1921.
P.U. Unschuld, Der Wind als Ursache des Krankseins. Einige Gedanken zu Yamada Keijis Analyse der Shao-shih Texte des Huang-ti nei-ching, in: T'oung Pao LXVIII, 1-3, S. 91-131.
A. Waley, The Travels of an Alchemist. The journey of the Taoist Ch'ang-ch'un from China to the Hindukush at the summons of Chingiz Khan, London 1963 (Neudr.).
R. Wilhelm, Laotse, der verborgene Weise, in: Sinica 3, S. 26-31.
Ders. (Übers.), Laotse, Tao Te King, Jena 1941.
E. Zürcher, The Buddhist Conquest of China. The Spread and Adaptation of Buddhism in Early Medieval China, Taipei 1975 (Nachdr.).

**Florian C. Reiter**, geb. 1948, Prof. für Sinologie an der Humboldt-Universität zu Berlin. Hauptarbeitsgebiete: Chinesische Religions- und Kulturgeschichte, Regionalstudien (China). Veröffentlichungen u. a.: *Grundelemente und Tendenzen des Religiösen Taoismus* (Stuttgart 1988), *Tempelberg Ch'i-ch'ü in der Provinz Szechwan im China der Gegenwart* (Würzburg 1993).

In der Reihe **zur Einführung** bisher erschienen:

**Adorno**
von Willem van Reijen

**Günther Anders**
von Konrad Paul Liessmann

**Karl-Otto Apel**
von Walter Reese-Schäfer

**Hannah Arendt**
von Karl-Heinz Breier

**Roland Barthes**
von Gabriele Röttger-Denker

**Bergson**
von Gilles Deleuze

**Bloch**
von Detlef Horster

**Hans Blumenberg**
von Franz Josef Wetz

**Martin Buber**
von Siegbert Wolf

**Ernst Cassirer**
von Heinz Paetzold

**Donald Davidson**
von Kathrin Glüer

**Derrida**
von Heinz Kimmerle

**John Dewey**
von Martin Suhr

**Diderot**
von Ralph-Rainer Wuthenow

**Umberto Eco**
von Dieter Mersch

**Norbert Elias**
von Ralf Baumgart
und Volker Eichener

**Foucault**
von Hinrich Fink-Eitel

**Paulo Freire**
von Dimas Figueroa

**Freud**
von Hans-Martin Lohmann

**Friedlaender (Mynona)**
von Peter Cardorff

**Erich Fromm**
von Helmut Wehr

**Habermas**
von Detlef Horster

JUNIUS

**Heidegger**
von Günter Figal

**Thomas Hobbes**
von Wolfgang Kersting

**Hölderlin**
von Henning Bothe

**Horkheimer**
von Willem van Reijen

**Husserl**
von Peter Prechtl

**Uwe Johnson**
von Stefanie Golisch

**Hans Jonas**
von Franz Josef Wetz

**C.G. Jung**
von Micha Brumlik

**Kafka**
von Wiebrecht Ries

**Kant**
von Jean Grondin

**Kierkegaard**
von Konrad Paul Liessmann

**Alexandra Kollontai**
von Gabriele Raether

**Julia Kristeva**
von Inge Suchsland

**Kropotkin**
von Heinz Hug

**Lacan**
von Gerda Pagel

**Gustav Landauer**
von Siegbert Wolf

**Lao-tzu**
von Florian C. Reiter

**Lévinas**
von Bernhard Taureck

**Lévi-Strauss**
von Edmund Leach

**Karl Liebknecht**
von Ossip K. Flechtheim

**Luhmann**
von Walter Reese-Schäfer

**Rosa Luxemburg**
von Ossip K. Flechtheim

**Lyotard**
von Walter Reese-Schäfer

**Machiavelli**
von Quentin Skinner

**Herbert Marcuse**
von Hauke Brunkhorst
und Gertrud Koch

**Marx**
von Ossip K. Flechtheim
und Hans-Martin Lohmann

**George Herbert Mead**
von Harald Wenzel

**Montaigne**
von Peter Burke

**Franz Neumann**
von Alfons Söllner

**Nietzsche**
von Wiebrecht Ries

**John Rawls**
von Wolfgang Kersting

**Wilhelm Reich**
von Martin Konitzer

**Karl Renner**
von Anton Pelinka

**Richard Rorty**
von Detlef Horster

**Otto Rühle**
von Henry Jacoby
und Ingrid Herbst

**Sartre**
von Martin Suhr

**Saussure**
von Peter Prechtl

**Carl Schmitt**
von Reinhard Mehring

**Schopenhauer**
von Wolfgang Korfmacher

**Georg Simmel**
von Werner Jung

**Sohn-Rethel**
von Steffen Kratz

**Sorel**
von Larry Portis

**Manès Sperber**
von Alfred Paffenholz

**Spinoza**
von Helmut Seidel

**Rudolf Steiner**
von Gerhard Wehr

**Tocqueville**
von Michael Hereth

**Trotzki**
von Heinz Abosch

**Max Weber**
von Volker Heins

**Simone Weil**
von Heinz Abosch

**Peter Weiss**
von Stefan Howald

**Carl Friedrich von Weizsäcker**
von Michael Drieschner

**Alfred North Whitehead**
von Michael Hauskeller

**Wittgenstein**
von Chris Bezzel

**Virginia Woolf**
von Vera und Ansgar Nünning